JN078624

台湾の近代化に
貢献した日本人

古川勝三

創風社出版

序文　なぜ上梓したのか

　1979年夏、岡山市で海外派遣教員採用最終試験と面接が行われた。外務省の職員が「合格して派遣されるようになったら、何処の学校に赴任したいですか」と質問をした。私は「ケニアのナイロビ」と答えた。理由があった。1944年生まれの私は戦後教育やメディアによって「日本軍はアジアにおいて悪いことをしてきた」「日本人は悪い民族だ」と思わされてきた。したがって、日本軍が進駐しなかった国でないと、酷い目に遭うとの想いから、アフリカを選んだのである。

　秋に結果が届いた。校長から伝達された赴任地は「台湾高雄日本人学校」であった。台湾に関する知識が皆無であった私は、高雄日本人学校はおろか日本人学校が台湾に3校もあることも知らなかった。調べてみると台湾を版図に入れて50年間統治した事実を知った。幼い子供を連れて赴任することをためらった。「どんな酷い目に遭うのか分からない。単身で赴任しようか」と迷ったあげく結論を出した。

　高雄日本人学校には200人近い生徒が居る。子供たちが生活しているのだから何とかなるだろう。あらゆる日用品を買い込んでコンテナで送った。1980年4月、家族5人が高雄空港に降り立った。これから3年間生活する台湾第二の都市である。住居が決まるまで、ホテル住まいである。住居探しはホテルで知り合った台湾人の林氏がが案内してくれた。この過程で多くの台湾人に出会い、交渉することができた。とても親切で嫌な思いをすることは一度もなく、赴任前の危惧はすぐに解けた。日本人街から離れた場所に家を借り、3年間を過ごした。「日本人はアジアの人々に多大な迷惑をかけた」という教えを忘れる日々が続いた。台湾生活に慣れた翌年、耳を疑う話を聞いた。「八田與一という日本人の銅像が元の場所に置かれた」「八田の命日には毎年お墓の前で追悼式を行っている」とも聞いた。そんなはずはな

い「日本人はアジアで悪行をした」と学んできた。八田與一なる人物は本当に台湾人に慕われてきたのか、確認したくなった。毎週末には、八田夫妻の墓と銅像が据えられた烏山頭ダムへ通った。

　八田技師を神のように慕う嘉南の農民の話を聞いていると、台湾のために尽くした日本人の名前が次々と出てくる。蓬莱米の磯永吉、台南水道の浜野弥四郎、縦貫鉄道の長谷川謹介、台湾人医学生を育てた堀内次雄等枚挙にいとまがない。

　台湾は日本が50年間も統治し、迷惑をかけたアジアの一員だったはずである。なのに私が接した台湾人の多くは、戦前の日本人に感謝している。私が受けた教育やメディアによる感化は、一体何だったのか。私の目は反日自虐史観というウロコで、スリガラスのように濁っているのではないかと思い、台湾史を勉強する気になった。特に日本の台湾統治における日本人の果たした役割についてである。その結果、台湾人に尊敬されている20人以上の日本人を見つけだした。私の目からは、ウロコがポロポロと剥げ落ちていった。それを教えてくれたのは、台湾で出会った名もなき多くの庶民であった。一体、日本の教育やマスメディアは何をしてきたのか、無性に怒りがわいてきた。どの国の歴史にも光と影がある。日本は影ばかりを針小棒大に取り上げ、光の部分を意図的に隠蔽してきたのではないかと思い始めた。その証拠に台湾人に尊敬されている日本人のことをマスコミはほとんど取り上げていない。日本人に蔓延する自虐史観でかき消された日本人のことを多くの日本人、特に若者に知ってもらいたいと思った。欲をいえば、今でも自虐史観に洗脳され、目からウロコが落ちていない方々にも知ってもらいたいと思った。帰国後、再調査し纏めてみた。紙面の都合でダイジェスト版になったが、台湾の近代化に貢献した日本人のことを多くの人に知っていただけたら上梓した意味がある。これが、この本を書き上げた理由である。一読していただけたら幸いである。

━━ 目 次 ━━

（台湾に渡った年代順に記載）

序文　1

台湾の近代化に貢献した主な地域

台湾教育制度の礎を創った日本人
伊沢修二

　私が教鞭をとっていた頃、学校の卒業式では下級生が「蛍の光」を、卒業生が「仰げば尊し」を歌うことが定番であった。3番の歌詞が歌われる頃には、多くの卒業生が大粒の涙を流す光景をよく見たものである。悪ガキだった生徒とて例外ではなく、多くが泣いて卒業していった。

　明治、大正、昭和50年頃まで親しまれてきた歌が、大都市の、特に小学校で歌われなくなり、その傾向は地方へと広がっていった。2番の「身を立て、名をあげ」という歌詞が民主主義的でないという理由だったという。

　この「身を立て、名を挙げ」という歌詞は、中国古典「孝教」の中の「立身行道挙名後世」であると言われており「親孝行」を意味した。それが戦後30年たった頃日教組を中心に「立身出世」を意味すると捉える教師が多くなり2番が削除されて歌われるようになる。

　私が現職の時は「自立し世間に認められる人間」という意味だと教えていた。時代背景によって歌詞の意味も人為的に変えられてきたのだ。

　当然のことながら、「仰げば尊し」は日本統治時代の台湾でも歌われていた。しかし、戦後日本が引き揚げた後も卒業式の定番曲として、中国語に移植されて「青青校樹」として同じメロディーで歌い継がれていることを知る日本人は少ない。

　この歌の原曲は1871年に米国で出版された楽譜の中の「Song for the Close of School」という楽曲であることを桜井雅人一橋大学名誉

教授が 2011 年 1 月に突き止めている。

　日本には文部省音楽取調掛の伊沢修二らによって移植され、歌詞は大槻文彦・里見義・加部厳夫の合議によって作られた。

　1884（明治 17）年発行の「小学唱歌集」に収録され、学校で歌われるようになったのが始まりである。

　伊沢修二は現在の長野県伊那市高遠町の出身で、高藤藩の下級武士の子として 1851（嘉永 4）年に生まれた。父親は 20 俵 2 人扶持の低禄のため極端な貧乏暮らしであった。

　1861（文久元）年から藩校進徳館で学び、16 歳の時に江戸に出府、ジョン万次郎に英語を学んだのを皮切りに、遊学を行い学問に情熱を注いだ。1872（明治 5）年には文部省へ出仕したことによって、伊沢の教育界での活躍が始まる。

　1874（明治 7）年には、愛知師範学校の校長を務め、翌年の 7 月には師範学校教育調査のために、神津専三郎、高嶺秀夫と共に米国へ留学し、視話術を身につけたルーサー・メーソンからは音楽教育を学び、さらに理化学における地質研究などを行うとともに、聾唖教育も研究して、3 年後の 1878（明治 11）年 5 月、27 歳の時に帰国した。

ルーサー・メーソン

　1879（明治 12）年 3 月には東京師範学校の校長となり、音楽取調掛に任命されるとルーサー・メーソンを招き、協力して西洋音楽を日本へ移植した。、この時編纂した「小學唱歌集」に収録されたのが「仰げば尊し」である。同年 10 月には、文部卿に「音楽取調ニ付見込書」を提出し、1885（明治 18）年に森有礼が初代文部大臣に就任すると、翌年の 3 月には教科書の編纂局長に抜擢される。2

年後の 1888（明治 21）年には東京音楽学校、東京盲唖学校の校長となるが、翌 1889（明治 22）年に大日本帝国憲法発布式典の参加するために官邸を出た森文部大臣が国粋主義者の西野文太郎に暗殺される事件が起きた。伊沢は文部省を去り、翌 1890（明治 23）年 5 月 30 日に「国家教育社」を組織して国家主義教育の実施を唱導し 10 月 12 日には「国家教育」を創刊、忠君愛国主義の国家教育を主張、教育勅語の普及にも努めている。

　1895（明治 28）年、台湾を領有した明治政府は初めて手に入れた新領土経営について模索していた。領有した台湾は風土病の蔓延、アヘン吸引の悪習、土匪の襲撃、原住民族の抵抗と四重苦の島であった。

　当時、44 歳になっていた伊沢修二は、初代台湾総督の樺山資紀に会いに行き、現地での教育の重要性について持論を述べた。すると樺山総督もこれを了承し「それを君がやってくれ」と答え、伊沢を台湾総督府民政局学務部長心得に抜擢した。

　下関条約によって正式に台湾が日本の統治下に入ったのが 4 月 17 日。伊沢が教育熱に燃え志を持つ教師 7 人を連れて台湾台北に赴任したのが 5 月 18 日。台北市内の小高い丘、士林の地芝山巌に学務部を置き、その一角に学堂を開設したのが 6 月 28 日という速さであった。

　この学校には 6 名の台湾人の若者が、台湾人教師になるために入学していた。

　伊沢が「自分たちがここに来たのは、戦争をするためではない。日本国の良民とするための教育を行うためだ」と地元の長老を説いて廻った成果であった。これが、台湾における日本語教育の最初であり、台湾総督府開設から 1 ヶ月も経たないという速

学務部の伊沢修二

さで統治教育を開始したのである。

　伊沢と共に台湾に渡った教師は、楫取道明・関口長太郎・中島長吉・桂金太郎・井原順之助・平井数馬・山田耕造の７人であった。

　開校当時は、日本への割譲に反対する土匪がゲリラ活動を続けていた。不穏な情勢はある程度分かっていたが、それでも伊沢たちは「身に寸鉄を帯びずして住民の群中に這入らねば、教育の仕事は出来ない」との決心で学堂に泊まり込んでいた。さらに「もし我々が国難に殉ずることがあれば、台湾子弟に日本国民としての精神を具体的に宣示できる」と、死をも覚悟して芝山巖での授業を続けていた。

　７人の教師には台湾語の習得を、６人の生徒には日本語の習得をさせた。４ヶ月もすると日本語が理解できるほど優秀な生徒たちであった。開校して授業が軌道に乗ったのを見届けた伊沢は、教師補充のため台湾語字典を作製できる人材を求め、山田耕造を伴って一時帰国をした。

　1896（明治29）年元旦を期して土匪が台北を攻撃するという噂を耳にしていた。地元民は学堂に残っていた６人の教師に避難することを勧めたが、彼らは「死して余栄あり、実に死に甲斐あり」との覚悟を示した。果たして６人の教師は、総督府に年賀の挨拶をするために学校を降り始めたとき、約100名近い土匪の襲撃を受け、全員が惨殺されてしまった。全員の首が切り落とされたうえ身ぐるみ剥がされ、さらに学堂内の物品がことごとく盗難にあうという酷さであった。

六士先生の遺影

　「芝山巖事件」と呼ばれた凄惨な事件は、台湾島内のみならず日本内地にも大きな衝撃

を与えた。教員補充のため新聞による募集を続けていた伊沢修二の悲しみや怒りは尋常でなかったが、台湾での教育を止める気持ちはなく募集活動を続けた。

　800名もの応募者数に喜んでいたちょうどその時、「芝山巖事件」が報じられた。そのため大量の辞退者がでて最終的には45名だけが残ることになった。台湾に渡ることになった45名の教師は「たとえどのような危険が待ち受けていようと、台湾の教育に命をかけよう」と覚悟を決めていた。

　彼らは1896（明治29）年6月には台湾に渡り、約2ヶ月かけて日常使われている台湾語を覚えると、台湾全島14ヶ所に置かれた「国語伝習所」の教諭となって各地に赴任して行った。

　「日本語伝習所」は、20歳以上の若者と7歳以上の子どもたちを対象とした。前者は、日本語のできる官吏を育成するため、後者は未来の台湾を担う人材を育てるためである。さらに、前者には一日25銭、後者には一日10銭の日当を支給し、さらに食事付きという厚遇で募集したのであった。

　帰台した伊沢は精力的に事業に取り組むが、総督府の上司と予算面等で意見が合わなくなり、2年余りで後ろ髪を引かれる思いで台湾を去った。伊沢が去った台湾では伊沢が蒔いた種が徐々に実を結び、日本人教師の教育に対する情熱や精神は多くの人々に感銘を与えた。その精神は「芝山巖精神」と称され、人々の間に語り継がれるようになる。

　1930（昭和5）年には芝山巖神社が創建され、1933年までに台湾人教育者24人を

伊藤総理の揮毫

含む、台湾教育に殉じた人々330人が祀られた。また土匪に襲われ殉職した6人の教師を「六氏先生」と命名。「六氏先生の歌」を作り、尊崇の念を持つようになっていった。時の首相伊藤博文揮毫による「学務官僚遭難之碑」も建てられるなど、六氏先生の精神は台湾の学校教育の原点となっていった。

　伊沢修二が台湾で始めた教育は、台湾統治50年間に急速に発展した。「国語伝習所」は師範学校へと改称され、やがて台湾人のための小学校である「公学校」が設置されていくことになる。さらには中学校、高等学校、台北帝国大学までもが完備され、台湾の近代化に大きく寄与した。まさに、伊沢修二は、台湾教育の礎を創った教育者といっても過言ではない。

　内地に帰った伊沢は1897（明治30）年には貴族院勅選議員になり、晩年には高等教育会議議員を努めたほか、吃音矯正事業に務め楽石社を創設したが1917年脳出血のため67歳で死去した。

六士の墓石

　六氏先生に関しては後日談がある。戦後、台湾に乗り込んできた蒋介石率いる国民党は、日本時代の神社や銅像、それに記念碑や日本人墓地までも破壊し、日本の痕跡を消し去ろうとした。当然「学務官僚遭難之碑」も倒され、そのまま放置されていた。しかし、李登輝政権や陳水扁台北市長の誕生、それに台湾民主化の動きが進む中で、六氏先生の精神を復権する運動が起こり、芝山巌学堂が開かれて満百年にあたる1995（平成7）年には、芝山巌学堂の後身である士林国民小学校で、日本からも多くの卒業生、遺族、教育関係者を迎え、開校百年記念祝賀式

典が盛大に開かれた。「学務官僚遭難之碑」が修復され、同年元日には、同小学校卒業生有志によって「六氏先生の墓」が新たに建て直された。

　新しい墓は日本式の簡素な墓である。墓石には「六氏先生之墓」とだけ書かれ、氏名も業績を示す墓誌もない。墓石の右側に「一八九六年卒」と没年を、左側には建立者の「一九九五年一月一日壱百周年紀念　士林国小校友会重修」と記されているだけである。しかし、「六氏先生」精神は、墓碑銘に刻まれなくても今日の台湾教育の中に刻まれて実を結んでいる。

宜蘭の街を救った日本人
西郷菊次郎

　台湾は日本と同じ、環太平洋火山帯の上に浮かぶ島国である。したがって、地震もあれば火山も温泉もある。そして台湾の温泉文化は、日本統治時代に日本人が根付かせた文化である。

　当時、北投、陽明山、関子嶺、四重渓が四大温泉地といわれ、特に北投は人気があった。温泉文化は戦後に失われていった時期もあったが、現在は再び温泉ブームが起こり西海岸に集中していた温泉場が東海岸にも広がりをみせてきた。その中でも特に宜蘭の礁渓温泉は人気が高い。

　台北から60kmあまりの宜蘭の温泉地は2006年6月に12.9kmの雪山トンネルが開通したことにより、台北から高速道路を使うと30分で行くことが出来るようになった。このため東京から90kmあまりの箱根温泉と似たような位置づけとなり、最近賑わいを見せ始めている。

　宜蘭（現在の蘭陽）平野の中心に位置する宜蘭市は、東は太平洋に、西側郊外には美しい田園風景が広がり、その中央を宜蘭川（現在の蘭陽渓）と呼ばれる台湾山脈に源を発する川がゆっくり東へ流れていく。宜蘭川が台湾山脈から運んでくる肥沃な土の堆積によって作られた宜蘭平野からは豊かな農作物が採れ、「竹風蘭雨」と言う言葉があるように、水が豊かで昔からユートピアと呼ばれていた。しかし、風光明媚なその景色も、夏、台風の直撃によって大暴風雨となると一変、住民は連年洪水に苦しめられていた。宜蘭川の濁流は堤を乗り越えあるいは堤を寸断

して田畑や家を押し流し、伝染病が蔓延する。この宜蘭川の氾濫から街を守ることが住民の永年の悲願であった。

住民の悲願を成し遂げた日本人が、西郷菊次郎である。菊次郎は、西郷隆盛の長男として奄美大島で生まれた。隆盛が奄美大島に潜居したおり、愛加那との間にもうけた子供である。

明治2年、8歳のときに西郷本家に引き取られ、12歳の時、2年6ヶ月の米国留学を果たして明治7年7月に帰国した。

17歳のとき西南戦争が勃発し、薩軍の一員として参戦するが高瀬（熊本県玉名市）の戦いで右足に銃創を受けて、膝下を切断し、一生義足を装着することになる。田原坂が政府軍の手に落ちると、以後菊次郎は隆盛の老僕であった永田熊吉に背負われて、人吉そして宮崎へ困難な山岳地帯の敗走行を重ねる。

和田越（宮崎県延岡市）の戦闘で多数の死傷者を出した薩軍は、俵野に陣を移し、今後の動向について軍議をかさねた結果、可愛嶽を越えて三田井に抜けることを決意。戦闘にて重傷を負っていた菊次郎は、桐野利秋の計らいにて他の負傷兵や熊吉と共に俵野に残された。

熊吉は、負傷した菊次郎を背負い、隆盛の弟である西郷従道のもとへ投降した。西郷従道は甥の投降を喜び、熊吉に礼を言ったという。以後、菊次郎は西郷従道の支援を得ながら留学経験を生かす場として外務省に入り、米国公使館や本省で勤務していた。

1895（明治28）年4月に台湾が下関条約によって日本に割譲されると、菊次郎は台湾総督府参事官心得を命じられ台湾に赴任する。

菊次郎は、赴任する途中奄

現存する宜蘭県庁舎

美大島に寄り母に再会する。これが母と会う最後となった。菊次郎34歳のときである。翌年には台北県支庁長に任じられ、さらにその1年後、1897（明治30）年宜蘭の初代庁長を拝命する。現在の県知事といった地位である。

　菊次郎は妻子と共に宜蘭の庁長官舎に引っ越した。当時の庁長官舎は800坪の敷地に74坪の平屋建てで幹部職員や校長の住宅と共に残っており、修復されて内部を見学することが出来る。

　菊次郎が渡台した頃の台湾は、風土病、アヘン吸引、原住民族、土匪（どひ）の襲撃という四重苦と闘っていた。初代樺山資紀台湾総督以来、2年9ヶ月の間に、2代桂太郎、3代乃木希典と三人が交代し、その間の台湾に対する軍人による統治政策は治安行政の域を出ず、いたずらに莫大な国費を消耗するのみで、完全に行き詰っていた。

　台湾統治の問題は世論の非難攻撃の的となり、台湾を一億円でフランスに売却せよという議論まで起こるありさまであった。

　菊次郎が宜蘭庁長に就任して9ヶ月後、1898（明治31）年第4代総督に児玉源太郎が就任し、後藤新平を民政長官に抜擢して共に台湾にやって来た。

　児玉総督は後藤に絶大なる信頼を寄せ、後藤もその信頼に応えるべく台湾近代化の青写真を作り実行に移す。ドイツで医学を学んだ後藤は、日本国内の法制をそのまま文化・風俗・慣習の異なる台湾に持ち込むことは、生物学の観点から困難であると考え、台湾の社会風俗などの調査を行ったうえで政策を立案、漸次同化の方法を模索するという統治方針を採用した。

　どうしたら固い島民感情を融和させることができるか、以前から昼夜悩んでいた菊次郎は、後藤新平の統治方針を理解し受け入れた。さらに父隆盛がよく口にしていた「天を敬い、人を愛する」という仁愛の無私無欲こそが難局を解決できる道だとも考えて、実行した。

　原住民や台湾人に対する差別意識をもつ日本人が多い中で、菊次郎は
違った。幼少期に苦労をして育ち、西南の役で多くの優秀な若者の死を
目の当たりにしていた。

　自らも障害者になった菊次郎は、弱い者に対する優しさと誠実な心を
自然に身につけていた。時間をかけて島民の心の中に、こちらの誠実
な思いを溶け込ませる努力以外に方法がないという結論に達したのであ
る。民衆のためになる治政こそが住民の心を開かせ協力を引き出すこと
が出来ると考え実行に移したのである。

　宜蘭の住民のための社会基盤の整備に力を注ぎ、河川工事、農地の拡
大、道路の整備、樟脳産業の発展、農産物の収穫増加政策を実施すると
共に教育の普及にも力を入れた。その結果、治安が良くなり住民の生活
を安定させることに成功した。

　その中で一番力を入れたのは、宜蘭の住民の悲願である宜蘭川の氾濫
をなくすことである。台湾総督府と粘り強い交渉を行い巨額の補助金を

宜蘭川の築堤工事風景

17

引き出すことに成功し、第一期工事が1900（明治33）年4月に着工された。1年5ヶ月の歳月と巨費をかけた1.7kmの宜蘭川堤防は、明治34年9月に竣工した。この工事を見守っていた宜蘭の住民は堤防の威力に半信半疑であったが、この時以降、宜蘭川の洪水は二度と起きなくなり暴れ川の汚名を返上した。堤防の威力を体感した住民は歓喜し、菊次郎に対する賞賛の声があふれた。住民のための善政を行った菊次郎は、宜蘭川一期工事の完成を見届け二期工事の完成に確信を持つと依願退職して5年半に及ぶ宜蘭庁長の生活に終止符を打ち、1902（明治35）年台湾を後にした。

　完成した堤防によって、その恩恵の大きさに感激した宜蘭の住民有志は、1905（明治38）年に『西郷庁憲徳政碑』と刻んだ石碑を堤防に近い民家の庭に設置して菊次郎を顕彰した。

　1923(大正12)年に、菊次郎の名前を採って「西郷堤防」と命名されると、宜蘭の人士により巨大な石碑が造られ、この上に原碑を載せて中山橋の西側に設置をした。

　3年後には第二期工事が竣工し、宜蘭の街は強固な堤防に守られ安心して生活出来る環境が整った。しかし1945（昭和20）年日本の敗戦によって日本人はことごとく台湾から去り、その後に国共内乱で敗れた国民党軍とその家族200万人が台湾にやって来た。この戦後の混乱によって顕彰碑の存在が分からなくなっていたが、1990年に発見され宜蘭県文化局により中山橋横の堤防上に移築され、現在も菊次郎の徳政を後世に伝え続けている。

　長い碑文の最後には「西郷公を偲ぶに糸を買って像を刺繍する事なかれ、家々に線香を立て供える

堤防から見た宜蘭街

事もしては行けない。最も相応しい事は晋人が羊祜を記念して彫った「落涙碑」のようにすることである。西郷公の栄光を永々に伝えるべく、ここに碑を健立、公の徳を讃えるものである」と記され、「宜蘭廳全各界士人健立」と彫り込まれている。今日、多くの日本人が台湾を訪れるが、このことを知る日本人は少ない。恩ある人を決して忘れてはいけないという宜蘭人の誠意には頭が下がる。

　菊次郎は帰国して2年後の1904（明治37）年10月12日、第2代京都市長に就任し7年余りを勤めた。その間にも宜蘭と同じく京都市のインフラ整備に力を注いだ。

　第二琵琶湖疎水掘削工事、上水道工事、道路拡張工事の「京都三大事業」を提案、実施して京都都市整備の推進に大きな足跡を残した。

　菊次郎は宜蘭でも京都でも常にそこに住む民衆のために活動した政治家であったと言っても過言ではない。その後、鹿児島に帰郷すると永野金山（山ヶ野金山）の島津家鉱山館長を命じられ、8年余り在任した。

　館長に就任した菊次郎は、鉱業所で働く鉱夫の子弟の健全な心身を養う場として、自費で武道館を建設、夜学校も開設、テニスコートをつくって、山の中の住民にテニスを広め、アメリカ社会から学んだ発想で職員クラブを作ったりした。

　1928（昭和3）年、鹿児島市の自宅において急死した。享年68、心臓麻痺であった。さつま町では、文武両道の人材育成に当った氏の功績をたたえ、現在でも毎年11月『西郷菊次郎顕彰剣道大会』が開催されている。

西郷堤防に移設された顕彰碑

台湾移民を最初に実行した日本人
賀田金三郎
かた

　台湾への移民で最も有名なのは、1910（明治43）年に実施された台湾総督府による台湾東部花蓮港への移民によって築かれた「吉野村」であろう。

　次いで大正2年の「豊田村」、大正3年の「林田村」も有名である。これらの移民村は台湾総督府による「官制移民」によって造られた。しかし、台湾への移民は台湾総督府が実施する以前、すでに民営移民を実施していた人物がいた。賀田金三郎がその人である。台湾で賀田組を設立、最初に私営移民を実施し、賀田村を造った男である。

　賀田金三郎は1857（安政4）年11月2日、山口県萩市で賀田家の長男として出生した。ちなみに同じ年の6月4日に岩手県水沢市では後藤新平が生まれている。二人はやがて台湾で出会うことになる。

　金三郎が出生した頃の賀田家は、2代目久兵衛が「坂田屋」の屋号で札差を行っており、全盛期を迎えていた。

　1880（明治13）年5月16日、父が永眠し、続いて翌年には母が永眠した。金三郎24歳の時であった。金三郎が家督を継ぎ、弟の富次郎は上京し大倉組に就職した。

　「坂田屋」を継いだ金三郎は猪突猛進に働くが、商いがうまくいかず、わずか3年後には、藤田組に移籍していた富次郎を頼って上京、共に藤田組で働くことになった。

　1887（明治20）年4月、大倉組と藤田組は共同出資による資本金

500万円の2つの株式会社を創立した。一つは、陸海軍の軍需品用達を主業務とする「内外用達会社」で、もう一つは土木の請負を主業務とする「日本土木会社」である。賀田兄弟は内外用達会社の社員となった。しかし、1891（明治24）年5月、内外用達会社は解散となり、業務を大倉組が引き継ぐこととなる。

　金三郎は、大倉組伊豫松山支店主任として着任、業績を上げ広島支店長も兼務することとなる。日清戦争間近と考えた金三郎が、日本軍の大本営が設置される広島での仕事を望んだのである。

　金三郎の予想は的中、精力的に動き軍需品の調達という大きな仕事を獲得して成果を上げた。

　1895（明治28）年、日清戦争で台湾を手に入れた日本は、台湾統治に乗り出した。大倉組は4月に金三郎を台湾の市場調査に送り込み、7月には大倉組台湾総支配人として台湾へ赴任させた。金三郎38歳の時であった。金三郎が赴任した台湾は、風土病はびこる瘴癘の地で、日本の統治を認めない抗日ゲリラが横行、原住民が首狩りを行い、阿片患者が多い島であった。

　1897（明治30）年には、大倉喜八郎・山下秀実らと台湾統治初期のインフラ整備需要を見込んで「駅伝社」を設立し、台湾での郵便や国庫金の逓送、苦力供給などを業務とする交通業を手がけた。翌年には小野田セメントの台湾における一手販売契約を成功させる。これら一連の経営手腕を買われた金三郎は、台湾総督府の信任を得る。しかし、やがて「駅伝社」を悲劇が襲うことになる。

　土匪や原住民が台湾全土に設置された「駅伝社」の支店や出張所を襲撃、現金強奪や

大倉喜八郎

職員の殺害が行われたうえに、交通事情による郵便物、金銭物品の遅滞も発生し、その都度、違約金、賠償金が請求され予想をはるかに上回る被害となった。この事態を知った大倉喜八郎は「駅伝社」を解散することを決意する。ところが金三郎は台湾には「駅伝社」が必要であると解散に反対し、大倉喜八郎と対立、金三郎は大倉組を退職する。大倉組を去った金三郎は1899（明治32）年5月、台北書院街1丁目2番戸に土木建築請負業「賀田組」を設立して独立、社長には金三郎自身が副社長には弟の富次郎が就任した。

　賀田組は台湾各地で用達、建築業、運送業、鉄道建設や港湾事業を行うなど、日露戦争中に陸海軍用達業に従事して巨利を収めた。さらに台湾総督府から台湾東部の花蓮から台東にかけて2万町歩もの土地の払い下げを受け、「賀田村」という農場村も造成して農場経営にも乗り出した。

　後には台湾銀行・台湾製糖などの大企業の創立に関与するほど台湾財界人としての成功を収めることになるが、ここでは金三郎が造成した「賀田村」についてのべておきたい。この「賀田村」造成こそが、台湾初の日本人移民村となったからである。

　1898（明治31）年2月26日に第4代台湾総督を拝命した児玉源太

後藤新平

郎は、台湾東部の開発が遅々として進まないため、後藤新平民生長官と図り、祝辰巳局長に対し再調査を実施させた。「難問多けれど、発展すべき可能性は大なり」「この開墾を実現できる人物は、賀田金三郎が最適である」

　金三郎は総督府から信任を受けた。金三郎は「駅伝社」の経営を通して総督府に信用があっただけでなく、後藤民政長官が抱えていた難問題を手助けして解決していた

ため、後藤長官との間に強い信頼関係を築いていたのである。

　1899（明治32）年、賀田金三郎は、「官有林野豫約賣渡規則」に従い、台湾総督府に対し、台湾東部地区開発計画書を提出、同年11月16日に総督府より開拓許可が下りた。

　金三郎が申請した台湾東部開発の総面積は、約16,000ヘクタールという広大な平原であった。総督府は、開墾期間を最長15年の条件を付けて許可をした。賀田組は、この広大な東台湾地区の用地を利用して、製糖業以外に、樟脳業、畜産業、移民事業、運輸業等々、多角経営を行うことにした。

　1902（明治35）年、賀田組の台湾東部開墾が本格的に始まった。120名の原住民を雇用し、呉全城の地に初年度は100町歩、翌年は500町歩を開墾して「賀田村」を、さらに隣接する鯉魚尾の地を開墾して「壽村」を造った。

　開墾した土地には、サトウキビ、たばこ、タロイモなどが植えられた。さらに、台湾在来種のサトウキビをハワイの品種に切り替えると共に新式の圧搾機を導入して近代化に取り組んだ。しかし、「賀田村」の運営が順調に進んでいた最中に、金三郎が最も信頼し頼りにしていた副社長で実弟富次郎が急逝する。金三郎の落胆は大きく、打ち

鹽水港製糖工場

ひしがれたが、事業に情熱を注いで悲しみを乗り越えるように働いた。サトウキビ栽培に成功した賀田組は、新しい製糖工場を建設して、粗糖の製造を開始した。後にこの工場は、鹽水港製糖株式会社に合併され、戦後は台湾製糖公司へと受け継がれることになる。

　当時、賀田組は、製糖業以外にも、製脳業、酪農業、軽便鉄道、開墾と多くの事業を行っていて、製糖業のみに人手を割くことはできなかった。そこで製糖、製脳の安定供給、開墾面積の拡大等を行い、東台湾地区での事業を軌道に乗せるには、どうしても人手を増やす必要があった。

　1906（明治39）年、日本からの移民を募集したのである。募集に応じて約60戸、385人が移住してきた。さらに現地の台湾人やタロコ族を多く雇用して開墾を続けた。移民希望者は基本的に誰でも受け入れたため、ならず者や食い詰めて移住する者などがいて、現地人と問題を起こして、事後処理が大変だった。いろいろ問題を抱えた移民であったが、この時の移民が台湾における日本人移民の幕開けとなった。人手不足を解消した金三郎は、花蓮の新しい産業である製糖業、製脳業の発展に、胸を躍らせていたは

賀田村の住居

ずである。しかし、その夢は2ヶ月後に残酷な事件によって消されてしまうことになる。当時、金三郎が社長を務める賀田組は、花蓮威利社区内に製脳事務所を設けて樟脳の原料となるクスノキの伐採を行っていた。しかし、この付近一帯には、首狩りの習慣のあるタロコ族が住んでいた。

　賀田組は東台湾開発を始めた当初からこのタロコ族からの襲撃に備え、台湾総督府から大量の武器弾薬を購入、日本に味方する別の外タロコ族と呼ばれる部族を警備にあたらせていた。ところが、タロコ族内で借地料の分配をめぐって抗争が起き、外タロコ族の頭目一族が他のタロコ族に殺害されるという事件が起きた。危険を感じた花蓮支庁長の大山十郎警部は、賀田組と協議を行い、威利事務所の閉鎖とクスノキ伐採の中止を決定、その旨を好意的な外タロコ族に通達した。ところがクスノキ伐採の中止によって、収入を絶たれる外タロコ族が、これまで友好的だった賀田組に対して恨みを抱くようになったのである。

　威利社地区からの全面撤退決定直後の7月30日に、日本人木こり2名が外タロコ族の首狩りに遭った。さらに、翌31日には、5名の日本人木こりが首狩りに遭うという事件が起きた。この2件の日本人殺害事件で、危険を察知した大山十郎警部は直ちに、賀田組威利事務所に残っていた従業員全員の避難を命じ、自らも救出のために威利事務所へと直行した。

　1906（明治39）年8月1日、大山警部、阿部巡査、賀田組職員の山田海三、喜多川貞次郎及び25名の職員が避難を始めたその時、突然、外タロコ族の集団が彼らを奇襲、全員を殺害した。これが世にいう「威利事件」である。

　賀田金三郎は共存していこうと思っていたタロコ族に裏切られた。大切な従業員の生命だけでなく、金品の強奪、威利事務所の焼き討ち、製脳器具、樟脳1200kg、脳油900kg、木こりの衣類、食糧までもが強奪

されてしまった。その上、8月19日には、日本から来ていた別の木こり10名が再び、タロコ族によって住居で殺害されるという事件が発生した。たった20日程の間に、賀田組関係者が40名もタロコ族によって殺害されたのである。金三郎の怒りは、怒髪天を貫くところまで来ていた。意を決した金三郎はタロコ族の討伐を、着任して間もない第5代佐久間左馬太総督に嘆願した。威利事件を知った佐久間総督は激怒し、タロコ族一掃に執念を燃やすことになる。

佐久間総督は、1909（明治42）年に「5ヶ年理蕃計画」を策定して「北蕃」の討伐を開始、1914（大正3）年には最後まで抵抗していたタロコ族を軍隊と警察によって包囲し降伏させた。タロコ族が大量に保有していた武器弾薬を取り上げ、理蕃事業を終えている。

当然のことながら、威利事件は賀田移民村の移民たちにも大きな衝撃を与えた。いつ襲われるかもしれない恐怖に駆られた移住民は、賀田移民村から逃散した。固い決意を持たずに、日本から逃げるようにして台湾に来ていた移民が多かったこともあり、移民不在の農地が荒れはて、やがて廃村になった。台湾移民第1号だった賀田村は、開村してわずか4年後には姿を消すことになったのである。今日、賀田移民村の痕跡を見ることはできない。

1940（昭和15）年に呉全城の地に造られていた鹽水港製糖株式會社の敷地に建立された「開拓記念碑」を見るのみである。

花蓮に野球と港を残した日本人
江口良三郎

　1920（大正9）年9月に「台湾州制」律令第三号により、行政区の廃庁置州が行われ、これまでの12庁から台北州、新竹州、台中州、台南州、高雄州、台東庁、花蓮港庁の5州2庁に変更された。州の長は知事、庁の長は庁長と呼ばれた。花蓮港庁に新任の庁長が、赴任してきた。江口良三郎といった。任期は、6年間であった。

　江口は1869（明治2）年11月24日佐賀県佐賀郡鍋島村に生まれた。

　1895（明治28）年に台湾が日本領になると、25歳の江口は、台湾に渡り、陸軍に入隊して治安維持のために反乱軍や土匪討伐を行った。

　陸軍を除隊後の1901（明治34）年に臺北縣（たいほくけん）新竹辨務署の警部を皮切りに警察界に身を転じ、3年後には宜蘭庁警務課長になった。韓国併合が行われた6年後の1910（明治43）年には、台北に帰り総督府の蕃務（ばんむ）本署に転勤になっている。

　総督府は文字を持たず狩猟中心の生活をする原住民族を、農耕中心の生活に転換させるため、蕃童（ばんどう）学校をつくり日本語や農耕のイロハを教育する理蕃（りばん）政策を行った。

　蕃務本署は、その政策を推進し指導管理を行う部署である。この転勤によって江口は初めて原住民族と関わりを持つようになる。

　清朝統治時代には原住民族の生活地は「化外（けがい）の地」、部族は「化外の民」と見下し、生番といっていた。日本統治時代になっても、同化し平地に

住む蕃人を熟蕃、同化せず独自の生活習慣を維持し主に高地で狩猟生活を送っている蕃人を生蕃といって区別していた。後に「高砂族」と総称されるようになるが、それは昭和に入ってからのことである。

　江口は原住民族に関わって10年が経過した1920（大正9）年8月に、その能力が高い評価をうけて、警務局理蕃課の蕃務警視に昇進、12月には花蓮港庁での理蕃政策を期待され、庁長に抜擢されて赴任したのである。

　台湾は中央山脈が南北に走り、3000mを超える山々が、開発の進んだ西部地区と未開の東部地区とに分断していた。東部は山脈の麓に少しばかりの平地がある花蓮港庁とさらに南の台東庁に分かれていた。江口は、赴任した花蓮港庁には4万人近いアミ族が居住していることを知っていた。しかも、アミ族が北部のタイヤル族や南部のパイワン族と違い、主に焼畑農業を行い副業に狩猟や漁労を行う生活にも熟知していた。

　花蓮港庁はアミ族以外にも官営移民の日本人や大陸から移住してきた漢人が混住する特異な土地でもあった。台湾西部に比べて交通手段もバスしかなく、港湾は皆無で開発が遅れていたため経済活動も貧弱で娯楽施設もほとんどない貧しい地域であった。

　江口は庁長として赴任したときから二つの課題があることに気づいていた。一つはアミ族と日本人や漢人との融和を図り、理蕃政策を推進すること。もう一つは交通手段を増やし経済の活性化を図るため、艀に頼らなくても良い港の建設であった。

　江口は三民族融和と原住民族の理蕃政策を推進させ

蘇澳〜花蓮間の臨海道路を走るバス

る道具として野球を取り入れることにした。

　野球は 1917（大正6）年には台湾の東部にも伝わって来ていたが、江口が赴任した頃には、盛んとはいえない状態であった。

　1922（大正11）年に花蓮港体育協会が組織されると、江口が会長に就任し、副会長には花蓮港街長を兼任していた梅野清太を選任した。梅野は今でいう花蓮の町長といったところであろう。江口と梅野は共に野球に関心を持っており、盛んに奨励した。その結果「鉄団」をはじめ「庁団」「塩糖団」「商工団」などのチームが作られた。各チームが花蓮で唯一の「花崗岩グラウンド」において試合を行うたびに野球が盛んになっていった。

　江口会長が理蕃政策の一環として、アミ族への野球の普及を行った結果、体育全体の普及にも成果を上げることになった。

　野球が早くから取り入れられてきた西部地域においては、勝負にこだわり、見物者からは入場料も取ることも当たり前となっていた。花蓮港庁の野球は一つの娯楽として発展してきたため、選手も見物人も一緒

艀を使った花蓮港の荷揚げ風景

になって野球そのものを楽しんでいた。花崗岩グラウンドでは、入場料もなく野球をする者と見る者は友好的であり、江口庁長は三民族が共有する空間を作り上げることに成功していた。

大地を掘削して完成した江口突堤

こうして江口にとって課題であった理蕃政策が軌道に乗りつつあったが、もう一つの課題である港の建設は遅々として進まなかった。

理由は築港に適した入り江や湾がなく、砂浜はあるが沖に少し出ただけで水深が急激に深くなる地形にあった。台湾はユーラシアプレートの東端にある島で、花蓮港庁の真下にはフィリピンプレートが潜り込んでいるため、陸地が急に落ち込み、水深が1000m近くにもなる。従って海中に防波堤を築く方式は不可能であった。

江口は従来の築港方式でなく、陸地を掘削して海水を引き込む方法を考え実行に移した。まず、海岸に強固な堤防を築くと、その内側の大地を掘削し大量の土砂を取り除き、海水を入れて築港するのである。しかし、予算が少なく工事は難航したが、1922（大正11）年、簡易な防波堤が完成した。これによって、艀船の係留ができるようになり、荷揚げ作業が楽になった。住民は、不可能と言われた築港に取り組んだ江口庁長の英断に喝采を送り、防波堤を「江口突堤」と呼んだ。

一方、野球による理蕃政策の推進は、想像以上の成果を上げていた。その裏には、漢民族の林桂興なる人物の存在があった。

林桂興は明治32年生まれで、花蓮商工学校在学中に野球をしていた。卒業後は会社に勤めるが、野球に対する知識と技術を身につけていた。林桂興はアミ族の青少年が、野球に必要な身体能力を身につけていることを見抜き、台湾野球史上初の「原住民野球チーム」を結成、自ら監督

に就任、このチームの指導もしていた。花蓮港庁には1921（大正10）年４月に、アミ族教育のための４年制の「花蓮港街立簡易農業学校」が設立された。

　狩猟中心の生活から農耕中心の生活に変更させるための教育施設である。アミ族の少年による「原住民野球チーム」は、花蓮野球大会で活躍し、良い成績を上げていた。その姿を見た江口は、どうすれば野球でアミ族を文明教化できるかを考え始めた。そこで副会長の梅野清太と協議し「原住民野球チーム」を農業学校に全員入学させ「能高団」野球チームを創設した。大正12年９月のことである。「能高団」という名称は、江口が命名した。この名前は市街の近くにそびえる標高3262mの能高山からとったものである。

　江口は「庁団」の主将であった門馬経祐の手腕を見込んで「能高団」監督に就任させた。門馬監督は期待に応えるべく週に３日指導し、花崗岩グラウンドで猛練習を行った。江口は原住民族に対する差別や偏見といった感情を持ち合わせていなかった。素直に彼らの能力の高いことを認め評価した。そのことが選手のやる気に火を付けることになった。

　花蓮体協の成立後、会長の江口は毎年春秋２回の野球争覇戦を行うなど、積極的に野球を奨励した。その結果日本人と漢民族が積極的に試合に参加するようになり、原住民も野球観戦を進んでするようになった。野球場が日本人、漢民族、原住民族の共通空間として役割を果たし始めたのである。

　1922（大正11）年）２月、台湾体育協会の招聘で内地の大毎野球団が初めて台湾に遠征した。台北、花蓮港、高雄、台南、台中などの各地を転戦し、30日には花蓮港軍との対戦が行われた。大毎野球団は「能高団」との対戦は予定していなかったが、「滞在中、ぜひ一度指導的に試合をしてほしい」との申し込みを快諾し、花崗岩グラウンドで親善試合を行った。花蓮港総出という大盛況の試合には、アミ族の盛装した男

女百数十人が応援に駆けつけた。

　試合途中に大毎選手らは「能高団」を指導しながら対戦し、結果は大毎が22対4で圧勝した。試合中の大毎に対する原住民の歓声は遠来の大毎軍を感激させた。

　江口は「規律ある運動、整然として勇気ある動作、それを立派に蕃人がやりこなすということを、天下に周知せしめたい」と考えていたが、それは1924（大正13）年9月に修学旅行を兼ねた「能高団」が、オール花蓮港団とともに西部遠征することで実現した。

アミ族編成の能高団野球チーム

　「能高団」は主に花蓮港農業補習学校の生徒によって編成されており、大部分がアミ族であった。選手以外の生徒約60名も応援団として同行した。

　大正13年9月19日、「能高団」と「オール花蓮港団」は長春丸に乗船し、翌日基隆港に着岸した。「能高団」選手らは霜降模様の学生服にカーキ色の巻ゲートル、地下足袋といった服装で雑嚢を肩にして校旗を掲げ、基隆駅から汽車に乗り午後台北駅に着いた。こうした格好に対し新聞は「蕃人とは誰しも思えないくらいである」「文明人に劣らぬ筋骨逞しい少年団」と報道した。

　「能高団」の西部遠征では台北、台中、台南、高雄、屏東、新竹、基隆などの各地で日本人チームと対戦することになっていた。まず21日に、円山グラウンドで台北商業と対戦した。この年、全国中等学校野球優勝大会全島予選大会が初めて台湾で実施されていた。台北商業がこの大会で優勝、台湾代表として甲子園に出場し、帰ってきたばかりだった。

この対戦は、「珍客能高団を迎えて」と新聞報道され、球場は野球ファン約7千人でふくれあがった。初回の表に「能高団」の主将コモドが中右間のフェンスを越えるホームランで2点をリードするが、結局「能高団」は9対5で台北商業に敗れた。が、場内では大きな声援を受けた。

江口団長は「勝敗は眼中になし」としていたが、遠征は5勝5敗で思ったより成績が良かった。結成一年にもかかわらずこのような試合内容を展開できたことは高く評価された。さらに「能高団」は、対戦するたびに成績が上がってきたことが注目を集めた。

台湾総督府は台湾の理蕃事業の成果を、いかにして日本内地に宣伝するかという課題を持っていたが、蕃人といえば首狩りを連想する日本内地に対し、理蕃育英事業の成果を広く宣伝する機会がなかった。こうした状況の中、江口によって編成された「能高団」に対し、総督府から「能高団」の内地観光が許可される運びとなった。総督府でも「大いに今から期待されている」と「能高団」の内地観光による台湾の理蕃事業の成果アピールが期待された。

1925（大正14）年7月3日、「能高団」の内地観光が正式に決定した。期間は3週間である。内地遠征の15名のメンバーが決められた。

「能高団」一行は、基隆港で理蕃関係者多数の見送りを受け、選手らはねずみ色の制服に白線二条の制帽姿で笠戸丸に乗船し旅立った。3泊4日の船旅を終え神戸に到着し、7月9日には東京に到着した。

11日には早稲田中学と初戦を行った。

結果は引き分け。早稲田中学校はこの年、第11回の夏の甲子園で準優勝を果たしていたから、引き分けとなった「能高団」の実力は早稲田中学校に比肩するといえるものであった。その後、横浜、名古屋、京都、大阪、神戸、広島などの各地を観光しながら試合を行った。

日本内地遠征の成績は、3勝4敗1引分であった。訪問地の新聞はそれぞれに「宿泊先では他人に迷惑を掛けないよう静粛で、その規律正し

さは賞賛に値する」「選手は積極的に講演に登壇、その堂々たる講演ぶりは主催者を驚かせるほどであった」等と報道し、評価した。

内地観光の最終日を迎えた7月27日「能高団」は八幡製鉄所を見学し、午後門司から 笠戸丸で台湾に帰った。

「能高団」の内地観光の目的は、内地人に対する原住民理解の改善にあった。江口は今回の内地観光の成果について以下のように述べている。

「野球技においてのみならず、講演に音楽に、内地の人々をしてこれでも真の蕃人かと疑はしめる程、最も有効に蕃人自身を以て、台湾蕃族を宣伝し、併せて野球技を思う存分に練磨して来た。アミ族蕃人、否、台湾全蕃族のため気を吐き、その宣伝に、その征戦に一大成功を収めたるアミ族能高団は天下に名を馳せた。選手らは至る所において徹頭徹尾謙遜であった。そして常に勇敢であった。」

江口はこれまでの努力が実を結んだと、喜びを隠さなかった。こうして江口によるアミ族野球チーム「能高団」の活躍は、その後の台湾野球に大きな影響を及ぼすことになる。

嘉義農林野球部を指導していた近藤兵太郎は、嘉義公園グラウンドで行われた平安中との交流試合で、日本人に混じって活躍するアミ族の選手を見てつぶやいた。「見ろ、野球こそ万民のスポーツだ。我々には大きな可能性がある」と。

江口が育てた「能高団」の精神は、やがて嘉義農林野球部の中で花開くことになるのである。

「能高団」の生みの親であり、育ての親でもあった江口良三郎は、花蓮港の完成を見ることなく帰国した翌年、1926（大正15）年12月25日に急逝した。

1931（昭和6）年没後5周年忌に八田技師が烏山頭ダムで使用した大型土木機械が花蓮港に持ち込まれ、大規模な工事が開始された。

昭和14年には大型船が横付けできる待望の港が竣工した。花蓮の人々

は、江口庁長の花蓮に対する貢献を忘れないために記念碑を建て、「江口庁長頌徳」と刻んだ。

　現在は「江口良三郎記念公園」を創設し、港が見えるようにと記念碑を移設した。江口庁長は、花蓮に野球と港を残し、花蓮を愛した日本人であった。江口庁長がいなければ、陸地を削り、港を構築するという発想もできなかったであろう。江口良三郎は「花蓮築港の父」と呼ばれるに相応しい日本人であった。

花蓮港の住民によって造られた
江口良三郎の顕彰碑

台湾医学界の礎を創った日本人
堀内次雄

　　台北市中正区の台北府城東門（景福寿門）から伸びる仁愛路一段1号に台湾大学医学人文博物館がある。

　　旧台湾総督府医学専門学校の校舎だった建物の一部で1907（明治40）年に建築された。台湾総督府営繕課に勤務していた近藤十郎による設計である。当初赤煉瓦と白花崗岩を使ったバロック式で建築したが、1930（昭和5）年に発生した内部火災により大改修された際、ルネサンス様式の建物に姿を変えている。

　　人文博物館内には台湾医学界に貢献した人物の胸像が設置されている。そのなかには日本人3人の胸像がある。1899（明治32）年の初代校長山口秀高、1902（明治35）年の2代校長高木友枝、そして1915（大正4）年から21年間校長を務め多くの台湾人医学生を世に送り出した堀内次雄の3人

堀内の銅像がある人文博物館

堀内の胸像

である。

　堀内次雄は、1873（明治6）年に土族の子として丹波篠山に生まれ、明治維新によって没落武士の子として育った。

　苦学しながら16歳で薬剤師試験に合格し、日清戦争の始まった1894（明治27）年には仙台の第二高等中学校医学部を卒業、1895（明治28）年には陸軍三等軍医に任ぜられ近衛師団に配属された。そして、下関条約により1895年に領有した台湾の統治のために仙台近衛師団が上陸することになり、師団の軍医として従軍した。そこで疫病のひどさと恐ろしさを経験することになる。上陸した近衛師団の2割を超える兵がコレラに感染し、死亡したのである。堀内は、この従軍経験から台湾における医師養成の必要性を痛感し、1896（明治29）年軍医を退役し細菌学の研究に没頭した。

　台湾はかつて「瘴癘の島」と呼ばれており、台湾を統治する上で、台湾総督府を悩ます問題が4つあった。

　一つは清朝も悩まされた土匪（武装集団）の抵抗であり、二つ目は誰からの支配も認めない原住民族の存在、三つ目はアヘン吸飲の悪習、最後は、マラリア、コレラ、ペスト、アメーバー赤痢、ツツガムシ病などの風土病であった。特に病気は目に見えない敵であるために厄介であり、日本内地から赴任する官僚や役人も、渡台を嫌った。

　第3代総督乃木希典は、家族同伴での赴任を避けようとするが母親に「上司が家族を同伴しなくて、部下に示しがつくか」と諭され同伴した。ところが乃木総督の心配したとおり赴任してまもなく母親をマラリアで亡くしてしまう。総督の家族でも逃れることができないくらいに疫病が猛威をふるっていたから、一般庶民は悲惨であった。

　清朝末期の台湾の平均寿命は30歳代ではないかといわれるくらい低く、清潔な飲み水が得られる井戸は、財閥や金持ちに独占されていたため、総督府が井戸の独占を禁止したが、それでも庶民に清潔な飲料水が

行き渡る状態ではなかった。

1895年6月17日に台湾総督府により台北において「始政式」が執り行われた。その4日後には台北に大稲埕大日本台湾病院を設置し、日本より医師10名、薬剤師9名、看護師20名を招聘した。

1874年の「征台ノ役」で日本軍の損害は戦死6名、戦傷30名と記録されるが、マラリアなどの風土病による病死が521名という悲惨な経験をしていたからである。

1892（明治25）年に内務省衛生局長に就任していた後藤新平の知遇を得た堀内は、1896年に再び台湾に渡り台北病院に医員として赴任し、以後、台湾総督府の医事に関わることになった。堀内に台湾行きを勧めた後藤は、1898（明治31）年に民政局長として渡台し風土病撲滅のための医事行政を推進することになる。

堀内が渡台するのと時を同じくしてペストが台南の安平港から広がり大流行し始めていた。堀内は直ちにペスト菌検出の仕事に従事する。当時、台湾に派遣された医師のなかで、顕微鏡操作ができ細菌学を勉強した医者は堀内以外おらず、周囲の期待を背負っていた。しかし、台湾人は堀内たち医師団の検疫を拒み、協力しないばかりか抵抗した。

当時の台湾人は医者が消毒をしたり火葬をしたり解剖することを嫌った。それらの行為は死者を冒涜することと信じていたからである。そのような事態が続いているうちに患者が急増した。

1896（明治29）年から20年間に、ペスト患者は3万人を超え、死者が2万5千人に迫る勢いとなった。患者の死亡率は8割を超えるという信じられない数字になったのである。そこで堀内は内地から招聘された東京帝大の緒方正規教授や山極勝三郎助教授とともに、ペスト感染過程の研究に没頭した。一方、総督府はペスト菌を媒介するネズミ退治が急務であると考え、1908（明治41）年からネズミ駆除に取り組み、膨大な数のネズミを駆除した。1917年頃になって堀内たち医師団の研究

成果とネズミ駆除が相乗効果をもたらし撲滅することが出来たのである。ペストの恐怖にさらされていた住民たちは、うれしさのあまり「ペスト絶滅祝賀会」を開いたという。

　余談になるが、ペスト以外に台湾で猛威を振るったのがマラリアである。堀内が医学校の校長になった 1915 年の台湾の人口は 330 万人ほどで、マラリアによる死亡者は 1 万 3 千人あまりになっている。ペスト同様に台湾からマラリアを駆逐したのも木下嘉七郎、羽鳥重郎、小泉舟、森下薫らの日本人医師である。

　台湾で最初にマラリア蚊を見つけた木下嘉七郎、新種の「台湾マラリア蚊」を発見した羽鳥重郎、マラリア蚊の種類と生態研究に業績を残した小泉舟、マラリア蚊の分布と脾臓腫との関係を解明した森下薫、これらの研究者の業績が評価され、1929（昭和 4 ）年 4 月には、中央研究所が「マラリア治療実験所」を設立した。そこで小田定文、菅原初男、並河汪、石岡兵らが尽力しマラリアをはじめとする熱帯伝染病が撲滅され台湾は清潔で住みやすい島へと変わっていったのである。

　台湾総督府は 1895 年 6 月 21 日に台湾病院の運営を始め、1897 年 4 月には台湾人子弟のための医師養成を目的に病院内に医学講習所を設けた。翌 1898 年 3 月に第 4 代総督児玉源太郎台と後藤新平民政局長が着任すると、6 月に官制を全面改正し台湾総督府台北医院と改称した。当初は、台北のほかに、新竹、台中、嘉義、台南、鳳山、宜蘭、台東、澎湖島の 9 ヶ所に開設し、後に基隆、打狗（高雄）、阿猴（屏東）、花蓮港にも増設した。

　医学教育の開始は 1899（明治 32）年の台湾総督府医学校で、1902（明治 35）年には台湾医学会が成立し、学会誌が創刊されるようになった。その後、1919（大正 8 ）年には台湾総督府医学専門学校、1922（大

正 11）年に台湾総督府台北医学専門学校と改称された。また、台北帝国大学は 1928（昭和３）年に設立されたが、医学部は 1935 年に開設された。1936 年には台湾総督府台北医学専門学校の敷地を使用するようになり、1938 年に帝大自身の附属病院が成立するという過程をたどることになる。

　1899 年に設立された台湾医学校の初代校長には、山口秀高が着任した。就学年限は予科１年の後に本科４年があり、５年かけて卒業することになっていた。当初は、台湾人のみを対象とし第一期生を募集した。

　1902 年に高木友枝が２代校長に就任した年の卒業生は３名だったが、年ごとに増えていき第５期の卒業生は 23 名となった。

　助教授になっていた堀内は 1906 年に総督府により細菌学研究のためにドイツへ派遣され、さらに 1912 年には東京帝大から医学博士号を授与されている。その３年後には台湾電力社長に就任した高木校長の後を継いで第３代校長になり、同時に台北市東門町６番地に開設していた日本赤十字社台湾支部病院の医院長も兼務した。

　堀内が着任して４年目の 1919 年には日本人の入学も認められたため医学校への入学希望者が急増した。定員 40名に、600 名の受験生で、競争率は 15 倍の難関校となった。その台湾総督府医学校で堀内は、21 年間にわたり校長として在職し多くの台湾人医学生を指導し台湾の医学界を育てていったのである。この学校を卒業した医学生は、日本が統治していた南洋の島々に赴任し現地住民の医療に尽力している。

　堀内次雄は台湾における風土病研究に多大な功績を残す一方で、医学校校長として台湾人学生を愛し誠意をもって対応した。台湾人

杜聡明博士

医学生である杜聡明の博士論文を評価し、京都帝大に推薦している。その結果、杜は博士号を取得し台湾で最初の医学博士となっている。杜聡明博士は、戦後に国立台湾大学医学院教授などを歴任したあと、私立高雄医学大学を設立、へき地や原住民族医療に取り組む初めての医学部を造り、戦後台湾医学の発展に大きく寄与している。また、台湾文化協会の設立大会に出席するなど、台湾青年の民族運動にも理解を示した。マラリア撲滅のために尽力した台北帝大医学部衛生学教授で後に大阪大学医学部名誉教授になる森下薫氏は「台湾の医学史の中で終始主役を続けていた堀内先生をとりあげなければ、台湾医学史の記述は成り立たない」と述べている。

　教え子の韓岩泉医師は「一人の勇敢な開拓者であり、偉大なる教育者で、真摯な学者でもある」と堀内校長を賞賛している。台湾施政40周年記念博覧会が開催された1936年に定年退職を迎えた堀内は、教え子から胸像を贈られ、医学校の校門脇に設置された。さらに退職に伴い20年あまり住み続けた2000坪もある佐久間町の総督府官舎を退去し、川端町の小さな借家に居を移した。医学校を退職した後も赤十字台湾支部病院の医院長は続け、仕事に情熱を注ぐばかりで豊かとはいえない生活をしていた。それを見かねた医学校の卒業生は、募金を行い1941年に昭和町に住宅を購入して贈呈した。しかし、この住宅は敗戦とともに進駐してきた国民党軍によって接収されている。

　堀内は戦後も帰国せず台湾大学医学院と名前を変えた学校で講義を続け、ほとんど台湾から出ることはなく、51年の人生を台湾人の医師養成に捧げた。帰国の際には教え子の台湾人開業医が餞別を募ったところ、30万円に

晩年の杜博士

もなったという。現在の3億円に近い額である。

　堀内は1955（昭和30）年82歳で亡くなったが、その際、高雄医学院では教え子たちが集い、尊敬と感謝の念をもって追悼会を催している。堀内はまさに「台湾医学界の父」と呼ぶに相応しい日本人であった。

台湾言語学の礎を築いた日本人
小川 尚義
<ruby>尚<rt>なお</rt></ruby><ruby>義<rt>よし</rt></ruby>

愛媛県松山市に「愛媛人物博物館」がある。設立当初から愛媛が生んだ偉人として小川尚義が展示されている。学会では台湾言語学の基礎を確立した「台湾言語学の先駆者」として高く評価されているにもかかわらず、尚義の業績を知る松山人はほとんどいない。

小川尚義は 1869（明治 2）年、現在の松山市勝山町で下級士族であった丹下尚逸と妻ムラの三男として生まれた。三年後には現在の松山市一番町に住居を構える下級武士の小川武一の養子に迎えられた。

松山は喜多流や下掛宝生流が盛んな土地柄で、尚義も 9 歳から謡曲を習い始めている。

1878（明治 11）年に松山中学に入学、この学校には年長の正岡子規や母方の親戚にあたる秋山真之、1 年後輩の勝田主計がいた。

松山中学を卒業すると 1887（明治 20）年 9 月には、第一高等中学校（一高）予科に入学し、子規の推薦により松山藩主が設けた「常磐会給費生」に選ばれ上京。常磐舎設立と同時に入舎した。一高では二歳年長の夏目漱石や正岡子規が在籍していた。秋山の紹介により、子規とは親交を重ねるようになる。しかし脚気のため一時休学し、1891（明治 24）年に本科の文科に進学した。この頃になると謡曲に益々熱を入れ、八世下掛新朔家元に師事、玄人の域に達している。やがて、子規や虚子も感化されるようになる。1893（明治 26）年 9 月に帝国大学文科大学博言学科

子規の俳句

に入学し、現代国語学の基礎を創った上田万年帝国大学教授の薫陶を受けた。女流作家の円地文子は万年の次女である。

学生時代の尚義はキリスト教を信仰するとともに天皇の崇拝者でもあった。語学に才能を発揮しドイツ語、英語、ギリシャ語、ラテン語はお手のもので、聖書を読み、牧師の説教を翻訳するアルバイトをして学費を稼ぐこともした。尚義は謡曲で鍛えたためか、聞き取る力に優れており発音が実に綺麗であった。特に英語の発音は外国人が褒めるほどであったという。

3年間の大学生活を終えると、台湾総督府に就職することが決まった。台湾総督府民政局学務部長伊沢修二が、上田教授に台湾語辞典を創れる人材の派遣を依頼した。その結果、尚義が推薦され台湾行きが決まったのである。台湾に赴任することが決まった尚義は、帰郷する前に子規を訪ねた。子規はたいそう喜び、一句作って尚義への餞とした。「十年の汗を道後のゆに洗へ」の句がそれである。この句は昭和28年に四国国体が開催された際、姉妹温泉として建設された「道後温泉椿の湯」の湯釜に「ゆ」を「温泉」と変更して刻まれている。

1896（明治29）年10月に大学を卒業した尚義は、台湾総督府学務部に赴任した。編纂主任として国語伝習所で使う教科書の作製を行うことになった。尚義27歳の時で

学務部時代の小川

44

ある。以後、40年間台湾言語の研究に没頭することになる。

　尚義が赴任した台湾は、日本が台湾を版図に入れて一年しか経っていない混乱期であった。日本人は警護付きでなければ街歩きもできない状態で、総督府は土匪の討伐に明け暮れていた。周りから聞こえる言葉は、閩南語や客家語、それに原住民族の言葉であった。発音の微妙な違いを聞き分けることができた尚義は、台湾人たちが発する言葉に興味を持ち、日本語との対訳台湾語を毎日ノートに書き記すことを日課にした。さらに、この時期、彼らが話す独特の発音を持った言葉に興味を持つが、現地調査する時間的余裕がなかった。

　日本語と台湾語の対訳記録ノートは、積み上げるほどに増えていく。ところが、尚義を招聘した伊沢部長が、上司と予算面で揉め突然辞任し帰国した。入れ替わるように第4代児玉源太郎総督が、後藤新平民政長官を伴って1898（明治31）年3月に着任した。

　医者だった後藤は、異民族の支配には「生物学の原則」に則った統治が必要であると考え実行した。まず調査事業として特別機関「臨時台湾旧慣調査会」を発足させ、台湾の法制および農工商経済に関する旧慣習を調査する事業を行った。この調査を通じて、台湾語が分かる人材の必要を痛感した後藤は「総督府の役人は、台湾語が理解できるようになれ」とことあるごとに訓示した。訓示を聞いた学務課の職員が台湾語字典を編纂中で年末には完成することを告げた。後藤長官に言われるまでもなく、台湾語に関する字典が必要なことは学務課だけでなく多くの日本人が望んでいた。それを作

上田万年教授

れる人物が居なかったのである。ただ一人の学務員を除いては。台湾語を理解できる職員は、文学士小川尚義主任だけであった。当然、尚義が取り組むことになったが、彼はその時、すでに編纂作業に取りかかっていた。尚義はまず恩師の上田万年教授に依頼して、日常使う日本語を選定してもらうことにした。上田教授が選んだ日本語は6500語であった。この台湾語訳は、尚義にとってそれほど負担にはならなかった。尚義は教科書編纂に関わる傍らで、赴任以来膨大な数の台湾語と日本語の対訳記録ノートを作っていたからである。その結果、1898（明治31）年12月13日日本初の台湾語辞典「日台小字典」が完成し台湾総督府名で発刊された。

辞典は315ページに及び、あいうえお順の日本語表記の下に台湾語の発音と漢字を表記する方法であった。学務部では尚義の原稿を総督府国語学校吉島俊明教授に校正を依頼し、さらに学務部顧問であった伊沢の取捨裁定まで受けて初めて印刷に回すという念の入れようであった。

日本初の台湾語字典が出来たことにより、行政官の仕事がやりやすくなり後藤長官は訓示した年内に完成したことに驚いた。字典の完成によって台湾人と意思疎通ができるようになりトラブルも激減した。

人々が驚いたのは、字典を編集したのが渡台してまだ2年余、29歳の小川だったことである。とりわけ、後藤長官を初め総督府の役人は、小川の才能に驚嘆した。

「台湾語のことは小川に聞け」と総督府内で一目置かれるようになった。

結婚35周年記念写真

字典が世に出て2年後、1900（明治33）年5月22日、31歳になっていた尚義は、松山藩士吉野一清の長女キクを嫁に迎えた。キクは一廻り若い18歳で、生涯に3男6女を生み育てている。明るく社交的であり家事や育児の一切をキクが行った。

　尚義は無教会キリスト教徒で常々「自分と神の間には、何もいらない」と言っていた。尚義の一日は、聖書を読み、祈ることから始まった。妻や子供も尚義の影響を受け、台北の英国系聖公会に通うようになったという。

　「日台小字典」に対する賞賛の声が上がると、さらに語彙が豊富でジャンル別に分類された辞典の要望が、学務部へもたらされた。「日台小字典」が世に出て6年後の1904（明治37）年には、杉房之助編集の「日台新辞典」が日本物産合資会社支店から発行された。

　尚義は使いやすくてジャンル別に表記された辞典を作ることにした。

台湾時代の小川尚義一家

尚義が単独で辞典を作ることを知った後藤長官は、表題を伊藤総理へ依頼し、序文を後藤自身が書くことを約束した。1906（明治39）年4月には伊藤総理の題字と後藤の序文が送られてきた。翌1907（明治40）年3月30日に1480頁の大作が完成し、台湾総督府総務局民生部学務課から「日台大辞典」の表題で発刊された。

辞典は冒頭に伊藤総理の題字、次いで後藤による序文を付け、その後「台湾言語分布図」「台湾語数詞比較表」「緒言」が続き、「台湾語ノ発音」「凡例」「日台大辞典」が続く。その後「画引日台字音便覧」「百家姓」「台湾地名」「旧台湾度量衡附貨幣・時間」「血族ニ対スル称呼」、最後に小川尚義による「本書編纂ノ顛末」で終わる構成になっていた。

「日台大辞典」は発刊されるやいなやたちまち在庫が無くなる状態が起きた。

1908（明治41）年には増刷して、総督府は1円50銭で販売した。ところが余りにも分厚く重いため、同年に日台大辞典の部分だけを抽出、1000頁余りの「日台小辞典」として大日本図書から出版し、1円20銭で販売された。

小川尚義は台湾語に関おける第一人者と評価され、1910（明治43）年には学務課長に、翌年からは編集課長を5年間務めるとともに台湾総督府国語学校の教授に就任した。

1916（大正5）年12月には1年5ヶ月に及ぶ最初で最後の長期調査旅行に出かけた。揚子江を遡り漢口から福建へ、さらにフィリピン、北ボルネオ、マラヤ、英領インド・ビルマ、蘭領インドネシア、仏領インドシナを視察、厦門では台湾語（閩南語）の調査を4ヶ月も行った。この出張によって、オーストロネシア語族に属する台湾原住民族の言語に強く惹かれた尚義は、台湾原住民族の言語研究を加速することになる。

1919（大正8）年には台北高等商業学校の校長を兼務。1930（昭和5）年に台北帝国大学が設立開校されると文政学部言語学研究室の教授

に就任したが、講義が好きでなかった尚義は、喜ばなかったという。元来、尚義は地位や名誉には興味がなく、文化系博士号第1号取得を勧められても興味を示さず、ただ台湾言語学の研究を行う学者としての矜持を有していた。

大学教授になると時間的余裕が生まれ、これまでに蒐集してきた原住民族の言語研究を纏めた。台北帝大に就任した年に台湾南部の原住民族の言葉を集めた「パイワン語集」を台湾総督府編として世に送りだし

恩賜賞受賞記念写真

た。さらに、翌年には「アタヤル語集」と「台日大辞典」上巻を出版した。さらに、1932（昭和7）年には「アミ語集」を総督府から出版、「台日大辞典」下巻の原稿を書き上げたが、製本が発見されてなく、出版されたか確認されていない。

1935（昭和10）年には原住民族言語の集大成ともいえる「原語による台湾高砂族伝説集」を弟子である浅井恵倫と完成させ、台北帝国大学言語学研究室編として世に出した。この論文が高く評価され、翌年には学士院恩賜賞を受賞した。

名誉にこだわりがなかった尚義も、昭和天皇からの恩賜賞だけは喜び、新調した服で表彰式に出席し、記念写真まで撮っている。よほど嬉しかったのであろう。

1936（昭和11）年、67歳で台北帝大を退官、40年間の台湾生活に終止符を打ち、故郷松山の出淵町（現在の三番町5丁目）で晩年を過ごした。松山では趣味の下掛宝生流の謡に親しむ合間に文筆活動も続けた。

帰国後も髭も伸び腰が曲がっても「幾ら時間があっても足りない。奥が深い。忙しい」が口癖でわずかの時間も惜しんで、台湾語と台湾原住民族諸語の研究に没頭する生活を送っていた。

　1938（昭和13）年に「新訂日台大辞典」上巻の編纂に関わったのを最後に1947（昭和22年）年11月20日に78歳の生涯を閉じた。小川家の菩提寺は松山市御幸一丁目の千秋寺である。

　小川尚義の残した二つの「日台大辞典」及び「台日大辞典」は、台湾語研究の金字塔であり「原語による台湾高砂族伝説集」は台湾原住民族の文化や習慣を理解する上で必要不可欠な研究資料として諸外国の研究者に大きな影響を与えた。尚義はまさに台湾言語学の礎を築いた日本人であったといえよう。

台湾の風土病を駆逐した日本人
濱野弥四郎

　　濱野弥四郎は、1869（明治2）年9月9日に千葉県成田市で生まれた。1890年、第一高等中学校予科を卒業し、本科に進んだ後、1896（明治29）年7月に帝国大学工科大学土木工学科を卒業した。卒業の翌日、恩師のバルトン先生に呼びだされた。「濱野君、僕と台湾に行って一緒に仕事をしてくれないか」という。

　　バルトンは内務省の後藤新平衛生局長から「台湾に上下水道を整備して風土病をなくしたい。この仕事を任せられるのは君しかいない」と懇願されたという。

　1895年、台湾と澎湖島を領有した日本政府が、現地の風土病に苦しんでいることは聞いていた。1874年の牡丹社事件から台湾平定までに死亡した日本兵はおよそ4800名いたが、戦闘による死者は162人で、残りの4642名は風土病のために死亡したという。

　当時の台湾は、人と家畜が一緒に暮らすような不衛生な状態であった。良質な井戸水は財閥や豪族が独占したため、多くの民衆は雨水か河川から飲料水を得ていた。当然、街の排水溝は汚染水があふれ、マラリア、コレラ、ペスト、アミーバ赤痢などの風土病が蔓延していた。そのため、平均寿命は30〜40歳という低さで、内地では「瘴癘の地」といわれ、役人でさえ渡台を躊躇する有様であった。

　既に述べたように（堀内次雄の章）事実、第3代乃木希典総督は、風土病を恐れ家族同伴による渡台をためらったが、母親に「上の者が家

族を連れて行かずに、部下に示しがつくか」と説得され、母親を同伴したところ、渡台後間もなくして母親がマラリアに冒され台湾の地で亡くなっている。風土病の撲滅は台湾の近代化において不可欠なテーマであり、台湾総督府は、この難問を克服する鍵は上下水道の建設にあると考え、後藤衛生局長に相談していた。

後藤は帝国大学工科大学の衛生工学講師のウイリアム・K・バルトンに協力を懇願した。バルトンは「都市計画の根本は上下水道の改良にある」という信念のもとに、東京をはじめ23都市の衛生状況調査を行い、上下水道建設案を作成した実績があった。

和服姿のバルトン技師

私生活では日本酒を好み和服を愛する英国人で、荒川満津と結婚し、娘の多満をかわいがる日本びいきの技師であった。政府との7年間の契約を2年延長しすでに9年間が経過し、家族とともに英国へ帰国しようとしていた矢先のことであった。

バルトンは帝大を卒業したばかりの濱野弥四郎を同伴することを条件に、台湾行きを了承した。濱野は大学でバルトンから衛生工学や写真術を学び、英語の得意な濱野が通訳もしていたので、バルトンは濱野に絶大な信頼を寄せていたのである。

濱野は8月になるとバルトンに従って妻久米と共に台湾に渡った。27歳のときである。9月3日には台湾総督府民生部の技師に任官した。官位は高等官六等であった。

バルトンと濱野は、着任早々に台北、大稲埕、艋舺など市街地の衛生及び給排水状況を調査し終えた。バルトンは唸るように言った。

「濱野君、この街は酷い。建設よりまず破壊から始める必要がある」

同年９月末には『衛生工事調査報告書』を提出した。さらに、台湾内を北から南まで澎湖島を含めて精力的に歩き回り、マラリアや赤痢に苦しめられながら台湾上下水道計画の基礎を作り上げた。

基隆の水源探しに没頭していた1898（明治31）年に後藤新平が民政長官になって渡台してきた。心強い味方を得た二人は、基隆設計案を仕上げると、バルトンが休暇を取って英国へ一時帰国することになった。日本に着いたバルトンは、悪性の肝臓膿腫を発症し、1899（明治32）年８月５日帝国大学附属病院にて急逝した。43歳の若さであった。

恩師を失った大きな悲しみの中で濱野は、台湾に残って恩師と共に作成した設計案を実現する道を選んだ。濱野はまず基隆の水道建設に取りかかった。

基隆水道は当地で「暖暖」と呼称されていた場所を水源にして、取水した水を山の斜面を利用して沈殿池、ろ過池、浄水池へと導く省エネ設計で、1902（明治35）年に竣工した。浄水池からの清潔な水は、鉄道に沿って引いた水道管によって基隆市民に届けられた。自然の地形を上手く利用した基隆水道は、110年経過した今日でも現役で活躍し、2007年には同浄水場が文化的景観に指定され、建設当時の「八角井楼」と「ポンプ室」は、歴史的建築物に登録されている。

1907（明治40）年に欧米の水事情視察を約一年間行った濱野は、帰国すると台北水道工事に着手、翌年には取水口・ポンプ室・諸設備を整備、1909（明治42）年に配水管・浄水場および貯水池を完成させ、浄水場の完成とともに、一日２万トンの飲料水を

旧台北水源地／現在は水道博物館

12万人に供給した。この施設は台湾初の近代的上水道給水システムの先駆けとなった。これ以降、1909（明治42）年には打狗（高雄）に、1911年には嘉義に、1914年には台南上水道が着工された。

　特に、台北の鉄筋コンクリートの上下水道系統は、東京や名古屋よりも早く建設されており、この点からも当時の先人が、台湾の近代化にどれほど献身的であったかがうかがえる。この施設は70年近くにわたって清潔な水を台北市民に送り続けたが、1977年に惜しまれて引退。1993年には国家三級史跡に指定されると共に、修復され台湾最初の水道博物館に生まれ変わり、当時の姿を今に留めている。　台湾の都市上下水道建設は、1896年から始まり、1940年までに大小水道は計133ヶ所も建設された。このことにより、台湾人口156万人分の水道水が提供できるようになり、風土病の蔓延は克服された。ここに至って「瘴癘の地」と呼ばれた台湾は楽土と化し、台湾の近代化の礎が築かれたのである。

　濱野弥四郎設計の集大成といえる台南上水道は、画期的な施設であった。当時人口3万人だった台南市に対し、10万人分の飲料水を送ることが出来る急速濾過法を取り入れ、最新設備を備えた大規模浄水システムを造ったのである。水源は曽文渓で、取水塔から水を汲み上げた後、第1ポンプ井戸→取入ポンプ室→沈殿池→濾過器室→第2ポンプ井戸→送出ポンプ室までを山上水源地で行い、続いて南側の浄水場に送られた水は浄水池に溜められ、量水器室を通過して台南市内に送られることになっていた。　この工事は10年の長きにわたり、1922年に竣工した。この工事では後に烏山頭ダムを構築

旧台南水源地ポンプ場

することになる八田與一技師が濱野の部下として働いている。二人は水源調査で台南市や曽文渓周辺の調査をくまなく行い、水源地を山上の地へ置くことを決めていた。

　八田技師はこの調査で、曽文渓から台南にまたがる地形に精通し、水路の引き方や暗渠、開渠をはじめとする水利工事の工法など、多くの知識を濱野技師から実地に学ぶことができた。この経験が後に嘉南大圳の工事を設計する際に、大いに役に立ったと思われる。そして15万ヘクタールの不毛の大地を台湾最大の穀倉地帯に変える「嘉南大圳」を完成させた。八田技師は、濱野技師から責任者とはかくあるべきという生き様を学ぶと共に、技術的な技倆や仕事に対する信念をも学んでいる。また濱野自身の人間性にも強く魅かれていた。

旧台南水源地送水ポンプ場

　「濱野技師は口数が少なく温厚で常に謙虚であり、恩師の功績を伝えることはあっても、自らの功績をいうような人ではなかった」と、八田技師はよく部下に濱野技師の話をしていたという。

　濱野弥四郎と妻久米にとって、台湾での生活は決して楽ではなかった。総督府を辞職するまでの23年間は、苦労が絶えることがなかった。土匪の襲撃で治安が安定しないなか、二男二女をもうけたが、長女と長男を亡くした。弥四郎が欧米視察に出かけた約一年の間、妻久米は子供を見守りひたすら家を守り続けた。そのような不幸や苦難を乗り越えての水道事業であった。

　濱野は主要都市の水道のほとんどを整備し「都市の医師」の役目を終えると、総督府を辞任し神戸市の技師長に就任した。濱野の帰国を知っ

復元された濱野の銅像

た八田技師は、濱野の胸像を造ることを友人や技術者に提案した。八田の提案に多くの技術者が賛同し、山上水源地の庭に濱野の胸像が設置された。濱野が台湾を去って二年後のことである。さらに胸像のレプリカと油絵が濱野に届けられた。濱野は届いた胸像を見て男泣きしたという。

退職した濱野は東京に居を構えたが、1932（昭和7）年12月30日に没した。衛生工学に生涯を捧げた63年間であった。

山上水源地に建てられた濱野の銅像は、金属類供出令により1944年に姿を消した。銅像が姿を消した台座には、「飲水思源」の石碑が建てられた。水を飲むときには井戸を掘った人に感謝をしなさいという意味である。この石碑も台風により壊れ放置されていたが、この水源地を訪ねた台南の実業家、許文龍氏がその姿を悲しみ胸像を寄贈、2005年5月16日にもとの台座に再び設置した。さらに許文龍氏は遺族にも銅像を贈り、そちらは現在は岩手県の後藤新平記念館に置かれている。

山上浄水場及び水源地は、現在国定古跡に指定されている。さらに2013年には、浄水場の修復が終わり公開されている。続いて水源地設備の修復工事も実施、現在は貴重な遺産として台南市水道博物館として蘇っている。

台湾を訪れる日本の旅人には、ぜひ訪問してほしい。そこには「台湾上下水道の父」と尊敬される濱野弥四郎が待っていてくれるはずである。

台湾から寄贈された胸像

台湾原住民族研究の礎を創った日本人
鳥 居 龍 蔵

　1990 年に東京大学の総合研究資料館の標本室で段ボールに入った大量の写真乾板が偶然発見された。現像された写真には 100 年前のアジア諸地域の姿が撮られていた。この貴重な画像の多くが、徳島県出身の鳥居龍蔵によって撮影されたものだということが分かり、国からの補助金で、画像の再生・保存・照合を目的とする「鳥居龍蔵博士撮影の看板復活プロジェクト」が、13 名の専門家によって立ち上げられた。しかし、いつ頃、どこで、何のために撮影した画像なのか資料がないため解読は困難を極めていた。ところが 2000 年に徳島県立鳥居記念博物館で見つかった数万点に及ぶ鳥居の未刊原稿・日記・フィールドノート・スケッチ・図版・標本等の中に、ガラス乾板に関する資料が含まれていた。その結果、2545 枚のガラス乾板が解読されたが、その中でもっとも多い画像は、台湾原住民族に関する 824 枚の写真であった。

　鳥居龍蔵は、1870（明治 3）年 4 月に現在の徳島市東船場の裕福な商家に生まれた。生来知識欲が強く、一人遊びを好んでいた鳥居は、小学校に馴染めず中途退学、以来高等小学校、中学校の課程を自学自習した。国語、漢文、英語、生物、地理、歴史などの効率的な独学は、後の研究にも大いに役立ったが、幼少期に集団生活を経験しなかったことはマイナス面もあった。成人した鳥居は「私はあまり外出して人と交際することを好まない。この性質から、自ら先輩や友人を訪ねることは最も

必要の外は一切しない」と自分自身を語っている。

　後に東京帝大理科大学人類学講座初代教授になる坪井正五郎らによる東京人類学会が1886（明治19）年に発足すると、16歳の鳥居は直ちに入会した。2年後に坪井の訪問を受けた鳥居は、当時まったく見通しの立っていなかった人類学を生涯の進むべき道と決意し、跡継ぎであった家業を捨て1892年東京に移住した。

　東京帝大人類学教室標本整理係となった鳥居は、坪井のもとで本格的な研究を始める。坪井29歳、鳥居23歳のときである。

　鳥居は坪井の下で人類学を研究する側ら、理科大学では動物学、進化論、古生物学、地質学を医科大学では解剖学、発生学を担当教授から聴講して幅広い知識を貪欲に吸収した。こうした聴講や実習の研鑽を積んでいる最中の1894(明治27)年7月、日本と清国との間に戦争が起こり、翌年の3月30日には下関にて、日清講和条約が結ばれるという大事件があった。

　日本は遼東半島と台湾・澎湖島を、領有することになる。そこで遼東半島への調査を実施することが決定されたため、自ら希望して寄付金を募り、初の海外調査を行ったのである。

　単独で遼東半島に渡り1895（明治28）年8月から12月まで各地を巡って採集調査を行った。巨石墓の一種であるドルメンの発見、遼代遺跡との出合いなど貴重な体験は、25歳の鳥居に極めて大きな影響をあたえた。

　台湾を領有することになった日本政府は、台湾総督府を創設し台湾統治を開始したが、台湾に関する情報をほとんど持っていなかった。そこで総督府

鳥居使用と同型のカメラ

は東京帝大理科大学に対し動物、植物、地質、人類に関する4分野の調査を依頼した。

　当時の日本国内では台湾について首狩りの習慣がある未開の蕃族が暮らす島と認識されていた。人類学教室では調査依頼を引き受けたものの台湾行きに名乗り出る者がなく、気の毒に思った鳥居が調査を引き受けることにした。そのためか準備などの点で良い条件が提示された。鳥居は当時珍しかった写真機を本格的に現地調査に利用することにして、写真機の撮影方法や原板づくりをマスターした。

　第1回の調査は1896（明治29）年8月に始まった。台湾の基隆に上陸した鳥居は、5ヶ月間にわたり東海岸を調査した。この調査が特に大きな意味を持つのは、スケッチが主流だった野外調査に、日本人として初めてカメラを取り入れたことである。当時は誰もがカメラを使えたわけではなく、鳥居も調査に出発する前にかなり撮影の勉強を行い練習も重ねた。しかも、暗箱式の写真機自体は重くかさばる上に、フィルムの役目をするガラス乾板は、1枚がおよそ80ｇもあり一度に500枚近いガラス乾板を持参するため、40kgを超える重さになり、持ち運ぶのに大変な苦労をする代物であった。

　海の玄関口基隆に到着した鳥居は、まず台北に向かい初代樺山総督に面談、その後圓山貝塚の調査を行った。その後基隆に戻り、船で南に向かい艀を使って花蓮に上陸した。ここで食料などを購入して陸路を富田→瑞穂→玉里→池上→台東と南下しつつアミ族・ピューマ族・ブヌン族の民族調査を行った。北に引き返す途中、タロコではタイヤル族の言語や生活様式、習慣などを克明に記録した。調査を終えた鳥居は、花蓮から基隆に帰り帰国の途に就いた。12月までの調査で4部族の区分作成の成果を残している。この調査結果は台湾総督府に報告され、原住民族に関する貴重な情報として活用された。

　第2回の台湾調査は1897（明治30）年10月から3ヶ月間実施された。

6月に東京帝大理科大学助手を拝命した鳥居は、新聞公募に応じた中島藤太郎を伴って出発した。この第2次調査の目的は、主に台湾東南海上の孤島、紅頭嶼（こうとうしょ）に住む海洋民族のヤミ族の民族調査を行うことであった。基隆に着いた後、台北に向かい圓山貝塚・淡水渓沿岸や八芝蘭の石器時代遺跡の発掘調査を行った後、基隆から船を利用して一気に紅頭嶼に向かい上陸している。70

取材中の鳥居と原住民族

日間の調査活動でヤミ族の衣装や家屋、タタラ舟によるトビウオ漁、水芋栽培等の貴重で克明な調査記録を持ち帰った。

　第3回目の台湾調査は1898（明治31）年10月から12月まで台湾に滞在し、知本渓以南の南部を中心に民族調査を実施することにした。船で車城に上陸した後、恒春から牡丹社に入りパイワン族の調査を行い、楓港から枋寮、丹路まで足を伸ばしてルカイ族について貴重な記録を取った後、台東に出て緑島に渡り調査したのち帰国した。

　第4回目の台湾調査は2年後の1900年に行っている。鳥居30歳の

ヤミ族使用のタタラ舟と鳥居龍蔵

ときである。鳥居は、原住民族の言葉に詳しい森丑之助を助手に加え、1月に日本を出発し10月までの長期間台湾に滞在した。基隆に到着した後、台北に行き総督府で調査活動計画を打ち合わせた後澎湖島に行き馬公に上陸した。馬公から

は台南→高雄→東港と船で移動した。東港に上陸後は陸路で枋寮→水底
寮→潮州→来義と進み、ここではパイワン族を再調査し屏東→ロ社→
旗山→松林→六亀→台南と廻り嘉義ではツオウ族を調べた。ここで８名
の原住民族を雇い嘉義弁務所の池畑氏を加えた 11 名で東埔→集集→竹
山→雲林→北斗→彰化→台中→東勢→台中→南投→集集→埔里→眉渓→
埔里→東埔とめまぐるしく移動している。当時の台湾にはマラリア・ア

ミーバ赤痢・チフス・
コレラといった風土
病があった。しかも
3000m を越える山
が 164 座もある峻
険な山地があり、そ
こで暮らす原住民
は、言葉はもつが文
字を持たず、写真と
いうものも知らな
い。そのうえ、成人
になった証しとして
首狩りを行う習慣ま
である原住民俗の調
査をするのは、相当
な困難と恐怖を伴っ
たはずである。
　鳥居はこの４回ま
での調査結果から高
地に住む台湾原住民
族をタイヤル族・ツ

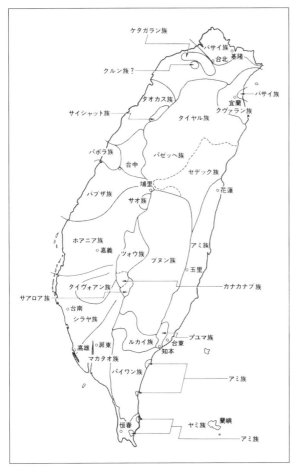

鳥居が作成した原住民族と分布図

オウ族・ブヌン族・サウ族・ツアセリン族・パイワン族・ピウマ族・アミ族・ヤミ族の9部族に分類した。これらの調査ですべての原住民部族の身体・言語・生活文化を調査し、貴重な記録を私たちに残してくれている。そうした苦労の結晶として、現在、824枚の台湾の写真が現存しており、それらは今日、19世紀末の原住民族の様子を知るうえで貴重な資料となっている。台湾本島での調査は、原住民族の調査だけに止まらず、圓山貝塚の発掘調査など台湾考古学の基礎を築いている。

　台湾の原住民族や考古学研究者には、鳥居龍蔵に続く研究者に伊能嘉矩、鹿野忠雄、森丑之助、移川子之蔵、宮本延人、馬淵東一、千千岩助太郎、小川尚義、浅井恵倫などがいる。彼らは台湾原住民

鳥居龍蔵の台湾原住民族調査ルート図

が独自の生活習慣を保っていた時代の調査報告や写真を残した。それらは現代においても台湾学術界に引き継がれ、貴重な史料となっている。これらの研究者にとって、鳥居が行った台湾での現地調査は大きな道標となったに違いない。まさに鳥居は台湾原住民族研究の先駆者といっても過言ではない。

　鳥居は台湾調査以外に沖縄、中国、満州、蒙古、朝鮮、シベリア、樺太など広範囲に調査活動を続けた。1905年には東京帝大の講師に就任、1921（大正10）年には「満蒙の有史以前」で文学博士の学位を授与され、翌年助教授に昇進するが、1924年に辞職し自宅に「鳥居人類学研究所」を設立して、きみ子夫人ら家族とともに日本各地や中国各地の調査研究を続けた。特に中国の王朝の一つ「遼」への関心は強く、鳥居のライフワークとなった。

　1939年、ハーバード・燕京研究所に招かれ、家族で中国に移住するが、日本の敗戦もあり1951年に帰国、1953（昭和28）年1月14日東京で82歳の生涯を終えた。

台湾近代化の青写真を創った日本人
後藤新平

　1895（明治28）年日本が台湾を領有したとき、4つの難問を抱え込んだ。マラリア・ペスト・コレラ・アミーバ赤痢等の風土病、台湾領有を認めない土匪の跋扈、それに原住民族の反抗と漢族による阿片吸引の悪習である。

　樺山初代総督、2代桂総督、3代乃木総督は、抗日武装勢力の討伐に明け暮れる毎日だったが、一向に解決できずにいた。そこで政府は第4代総督として児玉源太郎を任命し、児玉総督は右腕となる人物として後藤新平を推挙した。後藤の起用に対し桂首相は反対したが、児玉総督は断固として、譲らなかった。日清戦争に勝利した後、大陸から引き揚げてくる23万もの帰還兵の検疫を短期間に完璧に行った後藤の手腕を高く評価していたからである。

　後藤新平は1857（安政4）年仙台藩水沢で生まれた。17歳の時、医学校に入学し、成績優秀で、卒業後は愛知県医学校の医者となると、とんとん拍子に出世し、24歳の時には学校長兼病院長となる。

　医師として高い評価を受けた後藤は、長与専斎に認められて1883（明治16）年内務省衛生局に入り、行政に従事するようになる。この頃に帝国大学講師として招聘した衛生工学の技師ウイリアム・バルトンと知遇を得た。1890（明治23）年ドイツに留学。帰国後、医学博士号を与えられ、1892（明治25）年には内務省衛生局長に就任した。

　衛生局長になった後藤は、統治下に入った台湾の衛生環境を改善する

ため、台湾での上下水道建設をバルトンに依頼した。バルトンはその熱意に圧倒され、教え子の濱野弥四郎を伴って渡台した。

　1898（明治31）年児玉源太郎中将が台湾総督となると、自らの補佐役である民政長官に後藤を抜擢した。抜擢するにあたって児玉総督は後藤に台湾統治の基本理念を聞いた。後藤は言う。

　「ヒラメの目が格好悪いからと言って、鯛の目に変えることはできない。ヒラメにとって、最も良いからそうなっている。台湾の習慣や制度は、生物と同様でそれ相応の理由と必要性があるから習慣化している、無理に変更すれば当然大きな反発を招くだろう。従って台湾の現状をよく調査し、調査結果に合った統治を行っていくのが良いと考える」

　児玉総督は、この言葉で全幅の信頼を後藤に置いた。親友の乃木希典が日露戦争で苦戦しているのを見かけると、兼務していた内務大臣は辞任したが、台湾総督は辞任せず「後藤が居れば大丈夫」とばかり、台湾を離れ参謀本部次長に就任している。このことからも、その信頼の大きさがわかる。後藤民政長官も総督の付託に答える行政手腕を発揮した。まず台湾における調査事業として「臨時台湾旧慣調査会」を発足させ、会長に就任し徹底した調査を実施するとともに、学者を集め清朝の法制度の研究もさせた。こうして現場の状況を熟知した上で、経済改革とインフラ建設を「生物学の原則」に基づいて押し進めた。

　第一に風土病撲滅が急務だった。第3代乃木総督の母堂は、渡台してまもなくマラリアに罹患して亡くなっていた。後藤長官は、まず台北の街から風土病を駆逐することが急務であった。それまできれいな飲料水を独占していた財閥の井戸を一般民衆に開放するとともに乃木総督時代に台湾行きを要請したバルトンとその弟子濱野に上下水道工事を任せた。

　台北の街を視察したバルトンは、後藤長官に会い開口一番言った。

　「この街は建設よりまず破壊することが必要である」

後藤は、感染症を防ぐには上下水道のインフラ整備が必要と考えた。バルトンと濱野は、まず台北に上水道を、次いでレンガによる下水道を構築した。次に基隆へ、台南へと駒を進め上下水道が完備されていった。

旧台湾総督専売公社

次に取り組まなくてはいけないのが、土匪や原住民族による抵抗である。日本人は警察や兵士が守ってくれないと土匪に襲われ一人では街を歩けない日常があった。

原住民族は部族の猟場に足を踏み入れる人間に対しては「首狩り」を実施した。これに対して後藤は「飴と鞭」を使い分ける施策を行った。あくまで抵抗を続ける頭目に対しては武力で鎮圧したが、恭順する頭目には報奨金と土地を与え、農業で生計を立てるようにした。この方法は、一定の効果を上げたが、タロコ族だけは最後まで抵抗し、次の佐久間総督時代を待つことになる。

もう一つの課題は阿片吸引の悪習である。大陸よりも阿片患者が多い台湾であったが、国内同様に厳禁はしないで、漸禁政策をとった。1897（明治30）年、台湾阿片令が公布され、阿片患者の登録を行い、登録者や20歳以上の阿片購入や吸引を禁止しなかった。さらに、阿片の専売制を行った。

阿片は全て輸入し、3倍の高値で専売にて販売したため大きな利益を上げた。この専売制度は台湾総督府専売局が統括し、阿片の他にも食塩、

樟脳、タバコ、酒、マッチ、度量衡儀器、石油にも適用したため、国庫に頼らず、台湾だけの収入で賄う台湾独立会計を領台からわずか15年で達成するようになる。この阿片専売システムは、たいした混乱もなく1900（明治33）年には17万人もいた阿片患者を1930（昭和5）年には2万7000人に減少させ、終戦の年には阿片吸引者をなくしている。色々問題を含んだ阿片政策も結果的に見れば、成功したと言っても良いであろう。

　後藤長官は台湾近代化のために、壮大な青写真を描いた。その計画が一般人から見ると余りにも現実離れしているため「後藤の大風呂敷」と陰口をたたく者もいた。後藤はその大風呂敷を実現するために、優秀な人材を内地から集めることにした。その一人が「台湾製糖の父」と称される新渡戸稲造農業経済博士である。

　台湾を領有した頃の日本は、砂糖消費量の98％を輸入に頼っていた。そこで後藤長官は、台湾植民政策の中心を産業振興に置き、台湾に新式製糖会社を設立することを企画した。そこで、民間企業誘致のため調査を行ったが、結果は非常に難しいとの回答を得た。ここで後藤長官は多額の補助金を出し資本金100万円の「台湾製糖株式会社」を設立させた。しかし、生産性が向上しないため日本初の農業経済博士である同郷の新渡戸を台湾に招くことにする。新渡戸が「身体が弱いので」と断り続けるのを2年がかりで口説き招聘した。赴任した新渡戸は全島をくまなく調査してサトウキビの品種改良、栽培法、製造法などの意見書「糖業改良意見書」を提出した。その結果、1902（明治35）年には5万5千トンだった製糖の生産量は、1925（大正14）年には約8倍の48万トンに達し、1936（昭和11）年の最盛期には年産100万トンを超えるようになった。台湾における製糖産業は、隆盛を迎えた。砂糖は日本内地を満たしてあまりあり、台湾の花形輸出産業になる。

　交通関係では「台湾鉄道の父」と呼ばれ、旧台北駅前に大きな銅像が

造られていた長谷川謹介技師がいる。北の玄関口である基隆と南方開発の拠点となる高雄をむすぶ縦貫道路と縦貫鉄道の早期建設が急がれた。そこで後藤長官は「日本鉄道の父」と称される井上勝の秘蔵っ子長谷川謹介を1899（明治32）年招聘し、臨時台湾鉄道敷設部技師長に任命、縦貫鉄道建設の全権を委ねた。

台湾には清朝時代に基隆〜新竹間99kmに軽便鉄道が敷設されていたが、使用に耐える状態でないため全線を敷設し直す必要があった。

後藤民政長官時代に「鉄道国営政策」に基づいて、基隆から高雄まで総延長405kmにおよぶ本格的な台湾縦貫鉄道の建設が着手されることになった。この一大プロジェクト実施のために後藤が招聘し、指揮を執らせたのが長谷川謹介であった。台湾縦貫鉄道は1900（明治33）年度以降10ヶ年継続事業として2,880万円の予算で起工された。しかし、資材輸送の困難、暴風雨の襲来、悪疫、土質の不良、人夫の逃亡や人員不足、土匪や原住民族による襲撃、便船の途絶等が続出し工事は困難を極めた。

長谷川台湾総督鉄道部技師長は強固な意志を持って、あらゆる難事を克服し工事期限を約1年、経費においても約130万円節約し、しかも高雄港の改良や台湾鉄道ホテルの建築を実施すると共に付属の事業まで行い1908（明治41）年10月大事業であった縦貫鉄道を完成させている。

鉄道といえば阿里山森林鉄道がある。1899（明治32）年、台南県技手小池三九郎によって阿里山一帯が太古そのままの檜の一大森林地帯であることが偶然発見された。しかし、峻険な高山のため搬送する手段がなかった。そこで、後藤長官は欧州留学中に知り合った帝国大学林学科の河合鈰太郎博士を招聘し調査を依頼した。

河合博士は1902（明治35）年5月より阿里山の調査を開始した結果「材質良く、巨大檜多数でその量豊富」と復命、阿里山森林資源の開発とその輸送手段として森林登山鉄道の建設を提唱した。その功績か

ら河合鈰太郎は「阿里山開発の父」と呼ばれる。建設工事は 1906（明
治 39）年に藤田組によって始まったが、やがて総督府直轄工事となり
1912（明治 45）年 12 月に竣工した。この森林鉄道は世界三大登山鉄
道として有名で、現在も現役の登山鉄道として、嘉義から阿里山に観光
客を運んでいる。

　後藤新平の功績に都市改造がある。その手始めに行ったのが、台北市
の三線道路である。清朝時代に造られた台北城の城壁を撤去した跡地に
作られた。道路の設計は中央に車道をその両側に歩道を造りその間に街
路樹を植え、あたかも三本の道路が並行して走るような姿になったこと
から三線道路と呼ばれた。道路幅は広いところで 80m 前後、狭いとこ
ろでも 40m あまりあった。中央を車が、左右の道路を人や荷車が行き
交い、街路樹の地下には上下水道を敷設した。建設工事は 1910（明治
43）年に開始され 1913（大正 2）年に完成している。工事はバルトン
と共に渡台し、バルトン亡き後も台湾に残り台南上水道を完成させた「台

後藤の設計により濱野が建設した三線道路

南上水道の父」と尊敬される濱野弥四郎技師によって行われた。三線道路は現在でも中山南路（東線）、中華路（西線）、愛国西路（南線）、忠孝西路（北線）と名前を変え使用されている。

　後藤新平は8年余りを台湾総督府民政長官として活躍したが、1906（明治39）年南満州鉄道初代総裁に就任し、大連を拠点に満洲経営に活躍した。ここでも後藤は台湾時代の人材を多く起用するとともに若手の優秀な人材を招聘し、満鉄のインフラ整備、衛生施設の拡充、大連などの都市の建設に当たった。その後は内地に帰り東京市長を務めるが、1923（大正12）年9月1日の関東大震災では、世界最大級の帝都復興計画を短期間で完成させる才能を見せた。後藤のこれらの都市造りや改造計画の原点には、台湾における経験が大きく影響している。後藤新平以後の台湾の近代化は、後藤の造った青写真によるところが大きい。八田與一技師による嘉南大圳しかり、松木幹一郎が社長を務めた日月潭水力発電所の建設しかりである。

高雄港の開発に尽力した日本人
浅野総一郎

　浅野総一郎は 1848（嘉永元）年 4 月 13
日、富山県氷見郡薮田村にて医者を営む浅
野家の長男として出生。幼名を泰次郎といっ
た。5 歳の時、遠縁の医者の家に養子に出
るも 13 歳で実家に帰ることになる。北前船
による海運業で富を築いた豪商銭屋五兵衛
にあこがれていた泰次郎は、家業を継がず
商売の道を選んだ。醤油の醸造を始め色々
な物売りを行うが失敗。そこで 1866（慶応
2）年資産家の娘と結婚、婿養子になり名を惣一郎と改めた。

　産物会社を興すも失敗し、借金を作ったのが原因で離縁され実家に帰
ることになる。その後も商売に精を出すも時流に乗れず、高利貸しが押
しかけてくるようになり、逃げるように上京し本郷の下宿屋に身を置く。
ここでも千葉や横浜まで出かけて竹皮、薪炭、石炭を商い生活のめどが
たった頃、よろず屋の娘佐久と再婚した。24 歳の時である。

　1875（明治 8）年転機が訪れる。横浜瓦斯局が製造過程で発生するコー
クスの処理に困っているのに目を付け、安値で買い付け、官営の深川セ
メント製作所に売却、さらにコールタールも引き取りコレラ予防の消毒
剤の原料である石炭酸を製造販売して巨万の富を得た。この過程で、抄
紙会社（後の王子製紙）への出入りが始まり、設立者渋沢栄一の知遇を
得る。

　1880（明治 13）年に官業の払下げが始まると、浅野は石炭の官業
払下げを予想、輸送面で有利になる東京近郊での採掘を見込み、1883

渋沢栄一

（明治16）年磐城炭鉱会社を設立した。また、石炭を輸送する海運業は、日本郵船による独占の弊害がその価格に大きく及んでいたことから、自ら海運会社「浅野回漕店」を設立する。さらに、セメント製造に着目、渋沢の口利きで、1884（明治17）年には深川セメント製作所の払下げが認められ、本格的に会社経営に乗り出した。浅野の見込みは的中し、インフラ整備によるセメントの需要が急増したためセメント会社は潤った。なお、深川セメント製作所の払下げから10年目、1893（明治26）年には「門司セメント」を新設し、名も総一郎と改めた。改名して2年後の1895（明治28）年、日清戦争の結果、日本は台湾本島と膨湖島を版図にいれた。しかし、戦争後、戦勝国の舞台は海外にあるとして回漕店は売却、外国航路に進出して、海外から利益を得ようと渋沢のほか安田財閥の安田善次郎による財政的な支援などを得て1896（明治29）年「東洋汽船」を設立すると、欧米の視察に出かけた。

　そこで浅野が目にしたのは、大型船が横付けできる港湾設備であった。特に英国や米国の近代的な港湾施設に驚嘆し、日本における港湾施設の近代化の必要性を痛感して、翌年帰国した。欧米への出発前に「台湾の打狗山（大正9年から高雄）で良質の石灰石を発見」との情報を耳にしていた浅野は、帰国後直ちに打狗山の麓に土地を購入した。将来、台湾でセメント生産を行うための先行投資であった。

　1898（明治31）年、渋沢、安田の支援で「合資会社浅野セメント」を設立し急成長を遂げるようになる。また、日本の港湾が艀の利用が不可欠で、利便性に欠けるとの思いから、東京府知事に品川湾埋立許可願いを申請し、さらに1904（明治37）年には神奈川県庁に鶴見〜川崎

間の埋立許可願書を、1910（明治43）年にも東京市に東京湾築港の事業許可願書を提出した。しかしいずれも国家的事業に民間会社が関わるべきでないとの理由で不許可になった。これと平行して、1908（明治41）年、神奈川県庁に「鶴見・川崎地域の海面埋立」の事業許可申請を提出した。この事業計画は浅野が5年間の実地調査に基づいて作り上げた画期的な姿をしていた。埋立面積5百万㎡、延長4.1kmの防波堤、運河の開削、道路・鉄道の施設、橋梁、繋船設備、航路標識なども完備した一大工業用地を建設するという壮大な計画であった。

　1911（明治44）年には、この区域内で既に認められていた埋立権を買収、1912（明治45）年には渋沢、安田の協力を得て「鶴見埋立組合」を設立、新規に約70万8千坪の埋立を出願し、合わせて約150万坪の埋立地造成計画とした。1913（大正2）年には待望の免許が神奈川県から下り、鶴見埋立組合によって着工されることになった。この埋立事業は実に15年もの年月がかかり1928（昭和3）年に完成し、後の人はこの埋め立て地を「浅野埋立」と呼ぶようになる。

　遡ること10年前の台湾では、打狗山の土地を購入した翌年の明治31年に児玉源太郎総督が後藤新平民政長官を伴って台湾に赴任してきた。明治32年後藤長官が南部を視察、この時、浅野は後藤長官と会い南部開発の必要性を語り、長官も南部開発の中心が打狗港であることを認識する。

　台湾の面積は九州の85％ほどだが、海岸線の長さは3分の1程度しかない。従って、港に利用できる湾や入り

未開発の打狗港

江がわずかで、かつて栄えた台南や鹿港も砂の堆積で港の機能をなくし、北部の基隆と南部の打狗ぐらいが港といえば港といえる程度であった。打狗港は打狗山と旗後山の間から入っていくが、隆起珊瑚の岩礁が多い上に打狗川によって運ばれてくる砂が堆積して浅く、湿地帯が広がり入港しても横付けできる岸壁はなかった。しかし、総督府には財源がなかった。台湾の独立会計ができていないため、民間の投資に頼らざるを得ない状況であった。そのため、総督府は打狗港の開発を官民一体で行うことにした。基本計画を総督府土木局が、資金は民間の出資で行うことにしたのである。当然、浅野は埋立を行うことにして、縦貫鉄道が台南から打狗まで開通した 1900)（明治 33）年に総督府に打狗港の埋立許可願を提出した。この時以降、浅野は後藤新平と親交を持ち続け、後藤が台湾を去った後も関東を舞台に経済の面で交流を続けていくことになる。打狗港の埋立許可願いを提出して 3 年後にはセメント、石炭、海運等で財をなしていた浅野は、建築中だった和式の豪邸「紫雲閣」を1909（明治 42）年に完成させ、家族と共に東京三田に住み始めた。しかし、贅沢を嫌う明治天皇の逆鱗にふれたため、仕方なく外国人の迎賓館として利用することにしたという逸話が残っている。この紫雲閣も戦災で焼失し残っていない。

　浅野御殿と言われる豪華な屋敷に住んでいても、総一郎の生活は普段と変わりなかった。日の出とともに起き、服装は普段着で、従者も多くを従えず一人のことが多かったので、面会者は驚いたという。子宝にも恵まれ妻佐久との間に 6 男 7 女をもうけている。

　日露戦争が終わって 2 年後の 1906（明治 39）年には、総督府に出していた打狗湾埋立工事の許可が降りた。浅野 58 歳の時である。

　総一郎は打狗湾の埋立と並行して打狗山の良質な石灰石を使ってセメントを製造する工場を新設することを考えていた。1908（明治 41）年になると、総督府土木局の山形要介技師の港湾計画を基礎にした打狗港

の埋立工事が開始された。港内に堆積した泥を浚渫して埋立に使う工事である。日韓併合が行われた明治43年には、浅野によって「打狗地所建物」会社が設立され、台湾での不動産業にも手を広げた。その後、資金難や物資難もあって工事は難航したが1911（大正元）年には埋立工事が完了し打狗港第一期工事が完了した。この工事によって小規模ながらも船舶を横付けできる港が完成した。

　この第一期工事と併行して、都市計画も実施された。打狗川の西側一帯を港湾内で採掘した土砂で埋立、約4万2千人が住める居住地を造営した。第二期の築港工事は、新埠頭の造営と設備の近代化が実施された。この時、新埠頭は5千トン級の船が着岸できるように水深も考慮された。第二期工事は1937（昭和12）年に完成となり、同年、第三期築港工事が着手されているが、これは戦争によって、補強工事と保全に力が注がれたため日本統治時代に完成を見ることはなかった。

埋め立て地に造られた市街

第一期打狗築港工事の完成は、打狗の農産物や工業製品が直接船積み出来るようになり、埋め立て地には、家々が建ち人口が増えていった。こういった一連の築港工事によって、打狗は工業都市として大きく発展した。

昭和6年頃の高雄港と魚市場

　セメント工業を始め、化学肥料や酒精の製造などは盛んだったが、戦争の突入とともに鉄鋼業をはじめとする軍需産業が飛躍的に発展するようになる。そして、日月潭水力発電所の完成によって、電力の安定供給が実現すると、高雄は台湾を代表する産業都市として、さらに重要な地位を担うこととなっていった。

　第一期工事が完了した年には、総一郎は65歳になっていたが、事業意欲は益々盛んで、1912（明治45）年）になると「鶴見埋立組合」を設立し、翌年には鶴見区の埋立を開始すると共に「浅野セメント」を合資会社から株式会社にした。さらにはセメントの品質競争にも勝って海軍専属のセメント会社に成長させた。大正3年打狗港に「打狗運河」が完成すると港内の利便性が向上した。さらに第一次世界大戦が始まると、物資の輸送や戦時特需で浅野の会社が巨大な利益を上げ「浅野財閥」を形成していく。

　ロシア革命が起きた1917（大正6）年になると、打狗山の良質な石灰岩を原料にする「浅野セメント打狗工場」を新設し、縦貫鉄道と打狗港を利用して、インフラ整備が加速されつつあった台湾全土にセメントを供給し続けた。その結果、やがて台湾におけるセメントの80％を賄うまでになり、台湾の近代化に貢献するとともに、打狗港の発展にも大

きく貢献した。

　1920（大正9）年9月に「台湾州制」律令第三号により、行政区の廃庁置州が行われ、これまでの12庁から台北州、新竹州、台中州、台南州、高雄州、台東庁、花蓮港庁の5州2庁に変更された。この時、地名も変更され打狗は高雄になった。以後、今日まで呼び名は変わっても文字は高雄のままである。この時以降、浅野総一郎は驚くべき早さで次々と会社を立ち上げてゆく。浅野造船所、秩父セメント、旭コンクリート工業、浅野スレート販売、浅野ブロック製造、日本ヒューム管等、銀行以外の会社はすべて設立したといわれるほどであった。また、会社だけでなく大正9年には浅野総合中学校も設立している。昭和3年に鶴見川崎間に完成した「浅野埋立」には、浅野セメント、日本鋼管、浅野製鉄所、旭硝子、日清製粉などが次々と進出し、京浜臨海工業地帯の中核となっていくことになる。これによって浅野は「京浜工業地帯の父」「日本の臨海工業地帯開発の父」と言われるようになる。

　日本の発展と自らの夢の実現に生きた浅野総一郎は、ドイツに出張中に倒れ、帰国後に食道がんと肺炎によって1930（昭和5）年11月9日82歳の生涯を閉じた。

　セメント工業を足がかりに事業家の道に進んだ総一郎は、欧米の近

昭和14年頃の浅野セメント高雄工場

氷見に造られた九転十起の銅像

代的な港湾設備に触発されて取り組んだ埋立事業を成功させ、日本内地では「京浜工業地帯」を生み、台湾では「高雄港の開発に尽力した日本人」として、大きな足跡を刻んだ。

　高雄港は総督府による第二期工事によって、大型船を横付けできる近代的な港湾に造られ、今日まで国際貿易港としての地位を不動のものにしている。しかしその基礎を造った浅野総一郎のことを知る日本人は少ない。

　2008（平成20）年7月20日、富山県氷見市薮田の児童公園にて、銅像の除幕式が行われた。台座には「九転十起の像」と命名されていた。氷見の海を見下ろしている立像は、一代で「浅野財閥」を作り上げた浅野総一郎である。九回転んでも起き上がることができた男であるという意味で命名された。まさに、九転十起の人生を歩んだ生涯であった。

台湾に国際貿易港を造った日本人

川上浩二郎
松本　虎太
とらた

川上浩二郎

松本虎太

　台湾の面積は九州の85％ほどの大きさといわれるが、入り江が少なく海岸線の長さは九州の３分の１程度しかない。したがって、天然の良港と呼べる場所は少なかった。ただ、台南には台江と呼ばれる天然の入り江があり、1625年にオランダ人が湾の奥にプロビデンジャ城を築いた。また1630年には湾の入り口にジェーランジャ城を築いて台湾を支配する拠点とした。その後、安平港が造られ鄭一族も清朝も利用、台湾府を置き都とした。

　台湾には中央に3000ｍ級の高山が縦走し陸上交通は、ほとんど発達することがなかった。したがって、住民の多くは、海上交通に頼って生活していた。清朝末期に比較的発達していた基隆港や高雄港それに淡水港でも、入港できる船はジャンクか小舟にすぎなかった。冬期には、北東や北の季節風のため荒波が収まらず、汽船やジャンク船、漁船などの多くが難破した。加えて、港内の水深は浅く干潮時には内港の半分が露出するほどで、岩礁も多いため大きい船は利用できない有様であった。

　日本統治時代初期の基隆港は、沖縄・門司・長崎との間に２千トン級の定期航路が運航されていたが、港に着くとサンバンと呼ばれる木造の

小型船に乗り換えて上陸しなくてはいけなかった。

初代樺山台湾総督は、領台後直ちに縦貫鉄道の建設と基隆築港を政府に願い出て認可されている。このことからもいかに基隆築港が急務だったかが分かる。海に囲まれた台湾にとって港湾事業は重要であり、台湾縦貫鉄道建設の資材運搬にとっても基隆、高雄の港を早急に近代化する必要があった。第4代総督児玉源太郎は基隆築港局長に後藤新平を兼任させ、川上浩二郎技師を中心に基隆港の防波堤工事、浚渫工事、岸壁の建設、埠頭倉庫建設、岸壁の起重機建設など6,000トン級の船舶が停留できる港づくりを推進した。その基隆築港事業に多大の貢献をした人物が川上浩二郎とその後を継いだ松本虎太である。

川上浩二郎は1873（明治6）年6月8日、新潟県古志郡東谷村に生まれた。1895（明治28）年7月第一高等学校を卒業すると我が国における土木事業が急務であるとの考えから、東京帝大工科大学土木工学科に入学。1898（明治31）年7月に卒業後、直ちに農商務技手に就任するも、翌年の7月には台湾総督府技師として台湾に渡った。浩二郎が渡台した台湾は、日本領有4年目で土匪が横行し、風土病がはびこる「瘴癘の地」といわれていた。そのような環境の中で1899（明治32）年には基隆築港第一期工事が4年計画で開始された。川上技師は基隆築港局技師兼台湾総督府技師として、翌1900（明治33）年8月に基隆築港に参画、波浪から港を守る防波堤工事と港内の水深を確保する浚渫工事を行った。

1901（明治34）年12月26日には英国領インドやオランダ領ジャワ島、欧州港湾視察を行い2年後に帰国した。

基隆築港第二期工事は、1906（明治39）年から6カ年計画で開始された。この年、京都帝大を卒業したばかりの青年が基隆築港局工務課に技手として赴任してきた。川上浩二郎の後継者となる松本虎太である。第二期工事は困難を極めた。最も困難を極めたのが、基隆の海底の軟弱

な地質であった。

　1909（明治42）年10月に基隆築港局出張所所長専任になった浩二郎は、海外諸港の岸壁工事の失敗例や困難工事を調べあげ、参考にして克服した。そして、770mの岸壁建設・港内の岩礁撤去・内港防波堤構築・倉庫の建設など大掛かりな工事を行い、船舶を5隻、繫船浮標に8隻と、6,000トン級の船舶を同時に13隻繫留できる立派な港を完成させ1912（明治45）年に第二期築港工事を竣工した。

　家族を内地に残し単身で赴任していた浩二郎は、第二期工事が完了すると「基隆港の岸壁を論ず」全5編の論文を書き上げ東京帝大の工学博士号を取得している。

　浩二郎は困難を極めた基隆築港とその時の心境を、郷里での講演で語っている。「基

大正2年　川上家の家族写真

隆築港の地点は海がばかに深いのみか、潮の流れが急で自他ともに許す一流技術家のだれでもが処置なしの難工事でした。自分自身もいくどとなく失敗をくり返したが、この苦難にたえ、誰がどんな非難を浴びせようとも、これを完成させるのは自分以外には絶対にないという信念に燃えて、ついにこの工事を完成させた。だから人間はどんな苦境に立っても、断じて自信を失ってはならない」と。

　基隆築港に大きな業績を残した浩二郎は、1916（大正5）年10月2日、本人の希望により総督府を辞して帰国した。その後は、博多湾築港株式会社専務取締役に就任し福岡筑豊線の敷設や博多港築港に従事し、1933（昭和8）年3月29日に死去した。享年61であった。

　川上技師に関するエピソードが残っている。1920（大正9）年頃、浩二郎の甥が友人と台湾旅行を行った。川上技師の甥が乗船しているこ

とを知った船長は、食事の注文をすべてボーイに採らせ、客室に運ぶという特別待遇で歓待した。川上技師の基隆築港に対する尊敬の念の厚さをうかがい知ることができる。

　川上浩二郎の後を引き継いだのが松本虎太技師である。松本虎太は1879（明治12）年10月17日、香川縣香川郡池西村高橋傳の二男として出生、香川県綾歌郡陶村（現綾川町陶）の松本武次郎の養子になり1927（昭和2）年には家督を継いでいる。1903（明治36）年に京都帝国大学工科大学土木工学科に入学、1906（明治39）年に卒業すると直ちに台湾に渡り、基隆築港局工務課技手を振り出しに川上浩二郎の下で基隆築港に携わった。その後、1917（大正6）年2月8日、欧米に留学。

「海水中の鉄筋コンクリートの研究」に専念2年半後に帰国。台湾總督府技師に昇進、同府交通局技師として活躍。1927（昭和2）年には基隆築港出張所長を任命された。所長に就任した虎太は、第三期及び第四期の基隆築港工事設計を行い監督・指導に携わると共に基隆港の当面の問題を解決するため大規模な拡張計画を立てた。まず取り組んだのが、岸壁裏にある石造倉庫の増築と高雄から廻航して来た新竹号による浚渫工事、それに船員宿舎約100戸の建築並びに岸壁工事の障害となる倉庫の移転等であった。さらに第四期工事は1935（昭和10）年まで続けられるが、この工事により港湾区域内部にあった暗礁を取り除き、大型造船所と軍港区域、漁港区域を建設、埠頭倉庫から港湾区域までの線路を整備した。この四期にわたる築港工事の結果、基隆港は大きく変容することになる。

2,000トン〜10,000トン級の船舶を15隻、浮標にも同じ大きさの船舶を6隻繋留し、合

30トン電動クレーンが設置され大型
貨客船が繋留された基隆港岸壁

計21隻の船舶が安全に内港に停泊できるようになった。この結果、石炭80万トンと一般貨物80万トン、合計160万トンの物資が岸壁扱いできる近代的な港湾設備が完成したのである。岸壁には30トン電動式クレーンが導入され、荷揚げの省力化と迅速化に貢献した。また、神戸港や門司港と基隆港を結ぶ台湾航路が大阪商船や日本郵船によって運営され、8,000トン〜9,000トン級の客船が往来するようにもなった。虎太の基本設計が推進されたことにより、基隆港は台湾第一の港湾へと成長した。

松本虎太は基隆仙洞出張所に住み込み、家族は妻スミと共に二男正美、次女トシ、三男真三、四男甲、三女明子が台北市児玉町に暮らしていた。長男隆一は出征し長女フジは嫁いでいた。

虎太は基隆築港の目処が立つと、砂の堆積が酷く使用不能に

台北児玉町、隆一出征前の写真

なっていた安平港と台南市内を結ぶ台南運河の設計と施工の指導監督を行うため台南に拠点を移し、単身で多忙な日々を送っていた。台南運河は1923（大正12）年に着工し4年後に完成させた。また1936（昭和11）年には台南の玄関口、安平港を整備、完成させている。

翌年の1937（昭和12）年には基隆港を見下ろす旭ヶ丘の基隆要塞司令部の敷地内に顕彰館「松本虎太記念館」が建設され、松本技師の胸像が置かれた。戦後は放置された状態であったが、近年、綺麗に修復・整備され、現在「基隆歴史紀年館」として公開されている。

1941（昭和16）年に米英との戦争が始まると、基隆には要塞があり、港は物資・兵員輸送や海軍基地として重要な地位に占めるようになった。このため、大戦末期には米軍の爆撃の主要目標となった。港湾埠頭施設

と停泊していた船舶は全て深刻な被害を受け、港湾区域は廃墟となった。虎太は総督府技に勤務していたが、最後は台湾電力株式会社の社長に就任し終戦を迎えた。戦後も留用日本人として台湾に残り、台湾電力の維持のため顧問になり協力したが、2年後の1947（昭和22）年に精魂込めて造り上げた基隆港から引き揚げ、1959（昭和34）年80歳で生涯を終えた。川上、松本の両技師が造り上げた基隆港は、台湾における国際貿易港として今日も活況を呈している。

　川上・松本両家には、微笑ましく心温まる後日談がある。

　川上浩二郎には中学校に通う三男の健三がいた。休暇になると台湾に旅をした。虎太には台北第一高等女学校に通う長女フジと次女のトシがいた。健三はトシを見初め、恋心を持った。そのため高等学校の受験先に内地でなく台北高等学校に入学。単身で台湾に渡った。一方、トシは創立したばかりの基隆第一高等女学校に入学。第一期生として卒業していた。健三は京都帝国大学に入学したが、トシのことが忘れられず卒業すると台中第一中学校の教師になるため再度台湾に渡った。そのけなげな行動がトシに通じたのか二人は結ばれ、生まれた子供に昌明と名付けた。浩二郎と虎太の孫である。両家は親族になった。まさに、基隆が結ぶ縁であった。

修復前の松本虎太記念館と松本夫妻と胸像

台湾縦貫鉄道を造った日本人
長谷川謹介

　日本が台湾を版図に入れた 1895（明治
28）年、すでに台湾の基隆〜新竹間に 99km
の軽便鉄道が敷かれていた。これは清国の
台湾省初代総督の劉銘伝が建設させたもの
で、工事の実態はゲージ 1067mm で 16.3
kg レールを敷設し、20m で 1m 上昇という
急勾配のうえ、最小曲線半径が 80m、ひど
い場所では 56m という急カーブのため汽車
のスピードも輸送力も貧弱で役に立つ状態
ではなかった。

　初代台湾総督になった樺山資紀は防衛と統治上から、縦貫鉄道建設の
重要性を認識し、8月には政府に要望した。政府は翌年の3月、7万
7000 円余の予算を付け、縦貫線の調査を命じた。その調査によると、
「3ヶ年継続事業として総工費约 1539 万円を要する」と報告された。
同年5月実業界の巨頭 265 名が発起人になり「台湾鉄道会社」が計画
され、台湾総督府も援助していたが途中で頓挫する。

　1898（明治 31）年2月に第4代台湾総督児玉源太郎が就任。3月に
は後藤新平民政長官が就任して、事態は急変する。台湾総督府は縦貫鉄
道を民営でなく官設で行う決定をし、予算案を議会に提出して賛同を得
た。予算成立が可能と考えた後藤長官は、鉄道作業局長官松本荘一郎に
縦貫鉄道建設を任せられる技師長の推薦を依頼した。その結果、元日本
鉄道技師長の長谷川謹介を最適任者として推挙、長谷川は 1899（明治
32）年4月1日、高等官2等年俸 3500 円の待遇で台湾への赴任を決め

た。45 歳の働き盛りであった。

　長谷川が赴任する台湾は領有して 5 年目で鉄道の管轄が軍隊より民政局へ移管されて 3 年目しかたっていない。その上、土匪や原住民族の襲撃それにマラリア等の風土病が蔓延し、台湾へ行くというと「大きな借金ができたのか」と心配されるほど治安や衛生上の問題を抱えていた。長谷川が台湾行きを選んだのには理由があった。現在の東北本線などを建設、運営していた日本初の私鉄である日本鉄道の建設課が廃止され、さらに岩越鉄道 (現在の JR 磐越西線) の工事が中止になったため、数十人の部下が働く場所を失うという状況があった。そのうえ後藤民政長官は同じ山口県人の児玉総督から絶大な信任を受けていることを知ったことが挙げられる。

　長谷川謹介は 1855（安政 2）年に現在の山口県山陽小野田市の出身で、少年時代には両親を嘆かせる勉強嫌いでそのうえやんちゃな子供だった。大阪の造幣局にいた兄の為治が心配して呼び寄せ、英語などを学ばせると語学が上達した。やがて新橋～横浜間に日本初の鉄道を敷設した鉄道庁長官の井上勝の目に留まる。そこで官設鉄道の管轄機関である鉄道寮へ入り、工技生養成所の一期生となる。ここでお雇い外国人の通訳をしながら測量を手伝い、その後、トンネル工事の機械化の先駆的事業「柳ケ瀬隧道」掘削や、当時の日本で最長の鉄橋「天竜川橋梁」の架橋などを指揮、井上勝の秘蔵っ子として名を高める。

　後藤民政長官は「鉄道国営政策」に基づいて、基隆から高雄（当時は打狗）まで総延長 405㎞ におよぶ本格的な台湾縦貫鉄道の建設を実施することにした。この事業には 1900（明治 33）年度以降 10 ヶ年継続事業として、2,880 万円の予算がついた。後藤長官はこの一大プロジェクト実施のために、指揮を執らせることにしたのが長谷川であった。渡台した長谷川は臨時台湾鉄道敷設部技師長に任命され、やがて台湾総督府鉄道部技師長、さらには台湾総督府鉄道部長を歴任する。長谷川の鉄道

建設の基本理念は「１ｍでも先へ、１日でも早く、できるだけ収入を」というものであった。このやり方を「速成延長主義」と陰口をたたく者もいたが、長谷川は信念の人であり「結果良し」をモットーとした。当然のことながら、後日、後藤長官も語っている。「自分は台湾鉄道部創設から台湾を去るまで台湾鉄道部長の職にあったが、それはただ名義だけの部長で鉄道のことは長谷川君に一任してめくら判を捺していたに過ぎない」

　児玉総督が後藤長官に全幅の信頼をおいていたように、後藤長官も長谷川技師長に絶大なる信頼を寄せていた。

　長谷川技師長には大きな課題が二つあった。一つはどこに、どのような線路を敷くかという課題である。長谷川は赴任してすぐに線路を選定するための実地視察を行った。基隆〜台北間の改良工事では最小曲線半径が80ｍだったのを240ｍに変更、１/20勾配を１/60勾配にするために、これまで巨額の資金をつぎ込んでいた路線を放棄し、新しい路線を決定した。台北以南でも最悪な苗栗〜台中間だけは１/40勾配としたが、平均勾配を１/60勾配とした。台中〜高雄間に到っては１/100という緩い勾配にした。これによって速度も輸送力も格段に向上する。さらに、防衛上の必要から、海岸線を極力避けるようにもした。この路線決定という課題は、今までの知識と経験で克服できるものであった。しかし、台湾における鉄道資材の調達については、未知の世界であった。資材は台湾島内において調達できないため、日本からの移入に頼らざるを得なかった。そのため４月に赴任すると５月には内地に出張して資材購入を済ませる必要があった。５月に遠藤事務官と共に上京して購入した建設資材は、機関車、客貨車、レール等を始め材木、石材、セメント、石炭等に至るまでおよそ8,000トンにもなった。これを台湾へ輸送するには2,000〜4,000トン級の船が３隻は必要だった。ところが総督府による官営事業だったにもかかわらず、輸送業者が二の足を踏んで決

まらない。当時の台湾航路は未経験の海運業者が多く、その上、陸揚港の基隆や高雄の港は整備されていないため船会社が恐れたのである。やむなく総督府直営として輸送を開始することにし、南洋丸、東英丸、台湾丸の３隻を雇い入れた。基隆は台湾第一の良港であったが、それでも水深が浅く、本船は埠頭から約３km以内に停泊することは出来なかった。その上干潮になると港内が浅瀬になり艀舟による運搬も困難であった。使えるのは満潮時の３時間だけという酷さである。しかも、陸揚げ施設は皆無である。高雄港はもっと条件が悪く、陸揚げ中に嵐が来ると膨湖島まで避難する必要があった。このため資材の陸揚げだけでも今日では想像できないほど難渋をきわめた。備船料が１ヶ月9,000円で、１日延びるごとに何百円もの追加費用がかかるため悠長なことは言っておれない。この難間を長谷川技師長は優秀な事務官や技師に支えられ周到な計算と準備で切り抜けた。長谷川技師長には、内地から連れてきた子飼いの部下の他に先任者や新任者がいて玉石混合の状態であった。そんななか長谷川は実力主義で部下を育てた。技術力と器量を重視したため、そうでない者は淘汰されていった。従って45歳の長谷川技師長の部下には、30代や20代の新進気鋭の若者が多く残っていた。

　縦貫鉄道工事は大きく４ブロックに分けられて実施された。基隆～新竹間の「北部改良線」、新竹～豊原間の「北部新線」、高雄～濁水渓間の「南部新線」、濁水渓～豊原間の「中部線」である。まず1899（明治32）年５月に「北部改良線」を起工した。工事は優秀な部下を工事区間ごとに割り当てる方策を取った。基隆～台北間は新元鹿之助技師が担任し、台北～新車間は渡部英太郎技師に、新車～新竹間は佐藤謙之輔技師に担当させた。16.3kgレールを全て27.2kgレールに取り替えた。旧路線を使ったのはわずか８km余に過ぎず、1902（明治35）年３月には101.3kmの全線が開業した。長谷川技師長が赴任して３年後のことである。その工期の短さは後藤長官を唸らせ誰もが驚嘆の声を挙げるほどの早さで

あった。

　一方、高雄〜濁水渓間150kmの「南部新線」工事は、1899（明治
32）年9月に高雄で起工した。1/100勾配ということもあり工事は順
調に進み、翌年11月には高雄〜台南間45km余が竣工した。その後、
順次開通して日露戦争が始まった1904（明治37）年11月には約150
kmが全通を果たしていた。濁水渓〜豊原間の約72kmの「中部線」工事は、
明治37年4月に彰化出張所長の菅野忠五郎技師指導の下に、まず濁水
渓〜大肚渓間の工事を開始した。ところが明治37年2月に日露戦争が
始まり、バルチック艦隊が台湾海峡を北上するのではないかとの情報が
もたらされた。そこで未完成の工区を「軍用速成線建設」とした政府は、
早期に全通させる方策をとった。12月23日には着工、翌明治38年3
月に濁水渓より彰化に至る約37kmが開通し、彰化〜大肚渓間4.8kmも
ほぼ竣工した。大肚渓〜豊原間の工事は1905（明治38）年5月15日
に開通した。その10日後にはバルチック艦隊が台湾海峡を通過してい
る。難渋したのは新竹〜豊原間73kmの「北部新線」である。工事は新
竹〜三叉間と三叉〜豊原間に分けて行われた。特に困難だったのは三叉
〜豊原間22kmであった。9ヶ所のトンネル工事には1200mものトン

縦貫鉄道特急列車

ネルが2ヶ所もありその総延長は5,030mにもなった。さらに河川が多く14ヶ所に橋梁を必要とし、その総延長が1,400m余にもなった。工事は1900（明治33）年4月に起工され、3年後の10月に新竹～三叉間が開通した。残りの三叉～豊原間は11月に三叉建設事務所を開設して直ちに工事に取りかかった。1908（明治41）年4月に三叉～豊原間22kmが竣工した。起工以来5年の歳月をかけて難工事を終えた。台湾縦貫鉄道最後の全工事が、終わったのである。「北部新線」の竣工によって、基隆～高雄間約405km全線が開通した。

　1908年10月24日には、台中公園において全通式を行うことになっていた。来賓は内地の招待者を含め1,000名が予定されていた。ところが、来賓をもてなすホテルがないことを知った長谷川部長は、台北駅前の3,000坪ほどの土地に述べ620坪余りの三層階ホテルを建築することを計画した。鉄道予算外の費用であったが、総監府の野村一郎技師と鉄道部の福島克巳技師に設計を依頼し、全通式までに間に合わせる予定で1907（明治40）年6月に起工した。工事は遅れに遅れたが10月20日に英国風の落着いたホテルが落成した。全通式の4日前のことであった。このホテルは内地の帝国ホテルに勝るとも劣らないと言われていたが、残念ながら戦時中の空襲により破壊され現存していない。工事が終わってみると縦貫鉄道建設は工期を約1年、経費を130万円も節約した上に、予定外の鉄道ホテルまで造っていた。こうして9ヶ年かけた長谷川謹介の一大事業は終わった。工事の完成を見届けた長谷川謹介は、総督府を辞任し内地で鉄道院に籍を置き、最後は鉄道院副総裁まで務めた。1921（大

台北鉄道ホテル　戦災で破壊

正 10) 年 8 月没す。66 歳であった。

　台湾の近代化に貢献した縦貫鉄道は、現在も在来線として使われ、台湾人の生活に寄与している。「台湾鉄道の父」と称えられた長谷川謹介の銅像が、旧台北駅前に置かれていたが、現在は鉄道ホテル同様になくなっている。

旧台北駅と駅前の長谷川謹介の銅像。現在は共にない。

台湾を砂糖王国にした日本人
新渡戸稲造

　2016年の統計によると砂糖生産量のビッグ3は、ブラジル、インド、中国の順である。日本は49位で、66位の台湾より多い。しかし、台湾を領有した頃の日本は、砂糖消費量の98％を輸入に頼っていた。そこで第4代台湾総督児玉源太郎と後藤新平民政長官は、台湾植民政策の中心を産業振興に置き、その中心に糖業奨励を推進することにして、台湾に新式製糖会社を設立することを企画した。後藤民政長官の依頼を受けた三井物産から台湾製糖投資の実施調査団が派遣されたが、その報告は、治安の問題などに鑑み、台湾の製糖業の発展は非常に難しいというものであった。台湾総督府は、多額の補助金を付けて貰えるのであればという三井側の条件を呑み、1900（明治33）年12月に株主数95名、資本金100万円で「台湾製糖株式会社」の設立になんとかこぎつけた。総督府は、同社に対し、設立と同時に1万2000円、翌年には5万5780円の補助金を交付している。同社の資本金の額に比べて補助金が異常に大きいのをみれば、いかに製糖業の推進を望んでいたかが分かる。多額の補助金を得た同社は、台南県橋仔頭庄（後の高雄州橋子頭）に台湾最初の新式機械製糖工場を建設し、1902年1月操業を開始した。台湾製糖株式会社の設立をきっかけとして1903年12月には鹽水港製糖株式会社も設立されたが、誰も大がかりな改革をしたがらず、はかばかしい進展は見られなかった。この流れを大きく変え、台湾の製糖産業に大改革をもたらしたのが、新渡戸稲造

である。

　新渡戸は、岩手県盛岡に武士の子として
生まれ、札幌農学校二期生として入学して
いる。同級生には広井勇、内村鑑三、南鷹
次郎、宮部金吾などがいる。広井勇の渡米
に刺激を受けた新渡戸は 1884（明治 17）年、
23 歳の時に米国へ渡る。その 3 年後にはド
イツに留学し、農学を学び日本初の農学博
士号を得る。ドイツからの帰途、教会で知
り合っていたアメリカ人のメアリーと結婚

メアリー夫人

し、1891 年には札幌農学校の教授として赴任するため帰国した。とこ
ろが、夫婦ともに体調を崩したため農学校を休職してカリフォルニア州
で養生していた。静養中の 1900（明治 33）年に書いた『武士道』は、
ドイツ語、フランス語と次々と世界各国で翻訳され、その名は国際的に
知れ渡っていった。

　後藤民政長官は、同じ岩手出身というよしみもあり、早くから新渡戸
を総督府技師として招聘しようとしていた。「身体が弱いので」と断り

総督府の新渡戸

続けたが 2 年がかりで口説かれ「1 日 1 時
間の昼寝の時間を約束する」という条件を
得て、1901（明治 34）年に札幌農学校を辞職、
パリ万国博覧会へ出かけたのを機に、欧米
諸国およびその他の植民地の製糖設備を調
査、途中エジプトとジャワへ寄り、製糖業
経営の実地視察、殖産局長としての心得を
学んで 39 歳の時に台湾総督府の技師として
赴任した。総督府の執務室に入った新渡戸
は、昼寝用のベッドがすでに置かれている

のを見て後藤長官の武士道魂に感涙したという。

　新渡戸は、農業が国づくりにおいていかに重大な基礎をなすものであるかということを知っていた。その考えは、1898年に記した「農業叢話」に記している。その中の代表的な部分を要約すると次のようになる。

　「国内に農業の力を蓄えないままに、国外に商工業の力だけで雄飛しようとすることは、まるで鳥が、樹木や岩石に巣を構えることをしないで、遠く遥かな海洋を双翼だけで飛ぶようなものである。農業は一万年生きる亀のようなもので、商工業は一千年生きる鶴のようなものである。つまり、農業は一定の土地を固く末永く守る働きをし、商工業は広く且つ高く飛躍してその勢力を高める働きをする。よってこの両者がお互い揃って初めて経済の発展も見ることができ、理想的国家の隆盛をもたらすことができる」

　新渡戸は、商工業と共にしっかりとした農業の基礎があってこそ、理想的国家の隆盛があると説いている。新渡戸はこの考えを台湾の糖業で実践しようとした。赴任すると半年かけて全島を巡り、台湾の殖産興業の要は製糖業にあると確信した。

　台湾の製糖業は、オランダ統治時代以来の主要産業で、茶、樟脳に並ぶ三大輸出産業の一つであった。しかし、日本領台前とその初期には、台湾産サトウキビの品種は茎が細く収穫量も少なく、品種改良が必要であった。

　新渡戸は、民政局殖産課長、さらに殖産局長心得、臨時台湾糖務局長に就任、サトウキビの品種改良、栽培法、製造法などの意見書である「糖業改良意見書」を児玉総督と後藤民政長官に提出した。外国から台湾の風土にあった品種を輸入し、在来種と新種を切り替え、耕作方法も改良し、さらに成熟期を異にする品種をそれぞれ栽培して、台湾の製糖工場が一年中稼働するようにした。

　1906(明治39)年12月には明治製糖株式会社が塩水港庁に設立され、

さらに日本内地の大日本製糖株式会社も台湾へ進出してきた。これに対し、台湾製糖も1921年7月には九州製糖工場を竣工させ、台湾で製造した原料糖を神戸・九州の2工場で精製する体制を築いた。こうして、1902年には5万5千トンだった製糖の生産量は、1925年には約8倍の48万トンに達した。

　1936年から翌年の最盛期には年産100万トンを超え、台湾における製糖産業は隆盛を迎え日本内地を満たしてあまりあるようになる。その後の新渡戸は、製造業の手はずを整えると、1903（明治36）年には京都帝大法科大学の教授を兼ねるため帰国するが、それ以後も台湾総督府嘱託として台湾農業を指導し続けた。帰国した新渡戸は第一高等学校校長、東京帝国大学教授、国連事務局次長、太平洋問題調査会理事長などを歴任、33年に太平洋問題調査会第5回大会に参加した後、カナダのバンクーバーで突然倒れ、ビクトリア市において71歳の生涯を閉じた。

　新渡戸稲造の努力によって発展した台湾の製糖会社は、1945年、日本の敗戦によって大きく様変わりする。台湾における台湾製糖・鹽水港製糖・大日本製糖・明治製糖の4製糖会社は、その資産を中華民国国民党政府が接収し合併、1946年5月に台湾糖業公司と命名、1950年代から60年代にかけて、大量の砂糖製品を輸出し、台湾の大規模企業に成長した。

　台湾糖業公司は現在でも台湾最大の地主であり、農場を主に台湾各地に広大な土地を所有している。今でも通称「台糖」と呼ばれて、台湾における歴史ある企業として活動している。

　新渡戸稲造の台湾製糖業のへ貢献は、現在、高雄市橋頭区糖廠路24號の「台湾製糖博物館」に見ることができる。この博物館

台湾から寄贈された銅像

は旧台湾製糖株式会社（戦後は台湾製糖公司）が最初に建設した製糖工場で広大な敷地に当時の様子を伺い見ることができる。現在は観光地化されていて、誰でも参観できる。敷地内には当時の運搬用列車やレール、事務所、迎賓用日本家屋、展示室があり往時を偲ばせてくれる。展示室には奇美企業集団の創業者である許文龍氏が寄贈した新渡戸稲造の胸像が展示されている。許文龍氏はこの他にも、新渡戸稲造記念館や出身地の盛岡市にも寄贈してその功績に報いている。また、台湾花蓮県の花蓮観光製糖所でも製糖産業の遺構を見ることができる。この博物館では、ビデオ解説と工場見学で当時の様子を学ぶことができるようになっているが、日本人観光客が訪れることは少ない。

阿里山森林鉄道を造った日本人
河合鈰（し）太郎

　台湾がユネスコに加盟できたら、少なくとも十指に余る世界遺産候補地を推薦するであろう。その中でも台湾中南部、国家風景区に指定されている阿里山（ありさん）森林鉄道がその最右翼だと思われる。この森林鉄道は嘉義駅から阿里山駅まで72.5㎞、標高差2,244mを762mmの狭軌道ながら連続スイッチバックやスパイラルの特徴を持つ登山鉄道である。建設当時には隧道72、橋梁は114もあった。標高差を利用し熱帯、亜熱帯、温帯樹林の植生を車窓から楽しむこともできる。現在は観光用の鉄道としてアンデス高原鉄道やインドのダージリン鉄道とともに、世界三大山岳鉄道の一つに数えられる。

　阿里山と呼ばれる決まった山はない。阿里山とは地名であり15の山々の総称である。その中には標高3,952mの東アジア最高峰の玉山も含まれる。戦前、この山は明治天皇によって、新高山（にいたかやま）と命名されていた。

　1895（明治28）年日清戦争の結果、台湾を版図に入れた日本は、基隆〜高雄間に縦貫道路と縦貫鉄道を敷設する必要に迫られていた。そのための木材が阿里山一帯にあることは、総督府民政局が依頼した長野義虎陸軍歩兵中尉の調査から分かっていた。さらに翌年には、新高山登山隊の本多静六林学博士が採取した阿里山木の標本を、松村教授に調べてもらった結果、1901（明治34）年に新種と認定され「台湾紅檜（べにひ）」と命名される。その後、石田常平がツオウ族の協力で、広大な阿里山の檜（ひのき）

大森林を発見。これに驚いた総督府は、翌年に4名を派遣し林相調査を行ったところ、新高山の西方に樹齢千年以上という針葉樹の原生林が広がっていることが分かった。この時の調査で小笠原富次郎技手が樹高50m余り、直径6.6mを超える推定樹齢3,000年の巨木を発見した。後に「阿里山神木」と名付けられる台湾紅檜である。総督府は東西8km南北20kmの160km㎡を入念に調査した結果、栂、亜杉檜、姫小松、樫等は全体の20%でそれ以外は紅檜（タイワンベニヒ）や扁柏（タイワンヒノキ）の巨木が共に15万本以上もあることが判明した。特に、台湾紅

昭和初期の阿里山神木と鉄路

檜と扁柏は阿里山を代表する巨大木で脂分が多いため、腐りにくく白蟻被害も少ない美材として重用された。阿里山の森林資源は縦貫鉄道の資材調達先として最重要視されたが、川の流れが急な上に水量が定まらないため、水運は利用できなかった。そこで1898（明治31）年台湾鉄道敷設部の長谷川謹介技師長の下で 飯田豊二らが事前調査を実施し、総督府は敷設可能との報告を受け事業化に舵を切った。一方、同じ年に児玉源太郎総督の右腕として赴任していた後藤新平民政長官が、一人の林学博士を招聘した。河合鈰太郎博士である。

　河合鈰太郎は1805（慶応元）年に名古屋市で生まれ、1890年には東京帝国大学農科大学林学科を卒業、1897（明治30）年に東京帝大の助教授に就任した。さらに同年、西側先進国の森林開発と営林制度を学

ぶために、ドイツとオーストリアに留学した。32歳の時である。この頃、外遊中だった40歳の後藤新平と知り合い、日本における林業政策のあり方について話していた。1899（明治32）年には博士号を取得し、日本初の林学博士になっている。1903（明治36）年に帰国した河合は、東京帝大の教授に就任すると共に後藤長官の招聘に応えて、1909年5月に台湾に出張した。台湾総督府殖産局林務課の嘱託で月手当が190円であった。河合の台湾出張は以後1914（大正3）年まで続き、5回に及ぶ。河合は後藤長官の要請に応じて5月から阿里山森林鉄道敷設のための調査を開始した。その結果、阿里山の森林が材木として高品質で、資源量も十分であり森林鉄道の建設が有用と結論し報告した。

　総督府鉄道部と河合博士の調査から、森林鉄道による阿里山の開発が決定された。問題はどのルートにどのような鉄道を敷設するかということになった。嘉義駅〜阿里山駅間は全長72.5km、高度差2100m余りあり、難題をいくつも抱えていた。阿里山森林鉄道は大まか

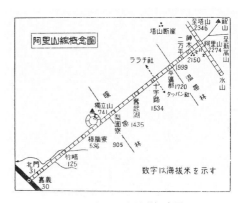

昭和9年阿里山鉄道概念図

に分けると3区間になる。最初は嘉義〜竹崎までの平坦区間14km、次は竹崎〜奮起湖までの32km区間、最後が奮起湖〜平の沼（阿里山駅）間の27km区間である。特に、中間区間の標高743mの独立山をどのようにして乗り越えるかという大きな課題があった。河合は独立山を乗り切る方策としてスパイラルループ方式を考えた。この方式は直線にしてわずか800mの距離をパイラスループ方式だと5kmを必要とし、しかも

高低差200mしか稼げない方法であるが、安全性を第一に考えた提案であった。この方式は、世界の登山鉄道には例がない。河合がこの方式を考えついた背景には、面白いエピソードがある。ある日、現地で農夫と出会い雑談中に、傍にいたカタツムリを指さした農夫に「このカタツムリの殻のように何重も旋回させればどうか」と言われ、スパイラルループ線と8の字ループ方式による登坂を考えついたという。総督府の長谷川謹介らの技師は、縦貫鉄道建設の理念である「速成延長主義」を唱え、2本のレールの中央に歯型のレールを敷設して、車両の床下に設置された歯車とかみ合わせ急勾配を登り下りするラック式鉄道を導入することに積極的であった。しかし、河合は安全性第一主義を唱え、ループ線案を決して譲らなかった。ところが1904（明治37）年の帝国議会で河合案は否決されてしまう。河合案は建設費が高すぎるという理由であった。

　同年2月に日露戦争が始まり戦費調達に苦しんだ政府は、官営でなく民営による建設を認めた。藤田財閥の長男が社長を務める藤田組が名乗りを上げ、林業調査と鉄道敷設工事を請け負った。後藤長官が辞任した1906（明治39）年には、藤田組による平地区間の嘉義〜竹崎駅までが、翌年には第二区間も着工された。河合のループ線による構想が結実するかにみえたが、平地区間で工事費の大半を費やしてしまった藤田組に残り区間を完工させる財務的余裕がなくなった。1908（明治41）年1月、藤田組は事業継続を断念する。同年4月には台湾縦貫鉄道が全線開通したが、それに接続することもできなかった。後藤長官の後ろ盾もなくなった

シェイ式機関車の動力ギアー

河合は、総督府内で嫌われ発言力も小さくなっていった。河合の構想は理想的すぎるというのが理由であった。ところが、藤田組が撤退して2年後、状況が変わる。未完成な阿里山鉄道を惜しんだ総督府殖産局長が工事再開をするにあたって河合博士を招聘したのである。河合は殖産局林務課嘱託として、5月に渡台した。再び予算案が帝国議会に提出され、日露戦争が終わっていたこともあり無事通過を果たした。1910（明治43）年に工事が再開されると、河合は渡米しライマ社製のシェイ・ギヤード式蒸気機関車を購入した。このシェイ式機関車は右側にシリンダを備え、ギアーで車輪を回転させる左右非対称の蒸気機関車である。この機関車は小回りがきき、登坂力に優れた登山鉄道用に開発されていた。

　河合のもとには右腕の進藤熊之助技師に加えて、教え子で青森の津軽森林鉄道を設計し工事に携わった二宮英雄が、総督府技師として赴任してきた。敷設工事は順調に進んだ1913（大正2）年には二萬平までの阿里山線を開通させることができ、さらに1914（大正3）年には三重スイッチバック方式による沼の平までの全線が開通した。ところが、この間に河合が頼りにしていた二宮技師が職員の伐採した大木の下敷きになり大ケガして殉職した。また、全線開通後の試運転で転覆事故が発生し、右腕だった進藤熊之助技師が殉職した。この二つの事故は河合を悲しみのどん底に突き落とした。河合は二宮技師の顕彰碑に揮毫し、二萬平に進藤技師の殉職碑を建置した。

　軌道幅762mmという軽便鉄道

巨木の伐採

規格による阿里山森林鉄道敷設プロジェクトは終わり、本格的な森林資源の伐採搬出が始まった。伐採は生態環境を維持しながら計画的に行い、同時に植林事業も進めて、森林資源の保全を図った。

　河合はこれまで人力に頼っていた日本の林業に欧州留学時代に学んだ機械化を進め、効率的で近代的な林業経営を図った。森林の伐採・集材には「架線集材」と呼ばれる方式を日本で初めて阿里山に持ち込んだ。さらに、生態環境を維持しながら伐採計画を立てていく手法や、森林資源の保持を考慮した植林事業などについても、河合自身が直接指導した。伐採された扁柏や紅檜それに亜杉は、森林鉄道で嘉義まで運搬され15000坪余りの貯木場に集材され、ここで米国から輸入した近代的な製材機で加工材を、あるいは丸太のままで日本内地や大陸に移出された。

　明治神宮の大鳥居や橿原神宮をはじめ、靖国神社神門、三嶋大社総門、東大寺大仏殿、桃山御陵、乃木神社、筥崎八幡宮、東福寺仏殿など多くの神社や寺社に阿里山の檜材が用いられた。やがて昭和期に入ると、林業の中心が八仙山や太平山に移っていくが、終着の沼の平駅周辺は高地のためマラリアがなく、観光地としての開発が進み2000人もの人が住むようになった。

　その結果、小学校、郵便局、営林派出所、林間学校、阿里山神社、阿里山寺、迎賓館などが造られた。一方、帰国した河合は山林史にも興味を持ち「測量学」や「木材識別法」などの著書を残した。専門の林学に

阿里山森林鉄道による木材の運搬

102

関して、理論だけでなく経験においても右に出る者がいなかった。

　河合は林学だけでなく学問的関心の幅が広い上に、漢学と独語にたんのうで文才があり、晩年には哲学も研究した。しかし、第一次世界大戦後に阿里山を訪れた河合は、貴重な紅檜や扁柏が大量に切り倒され輸出された現実を目にする。かつて鬱蒼としていた森林が様相を変えている状況を見た河合は、阿里山の効率的な開発に加担したことを後悔し、山を愛した林学博士であり続けた。

　河合は1926（大正15）年に退官し、哲学研究に没頭していたが、1931（昭和6）年東京の自宅で永眠した。享年67であった。河合の逝去から約3年、門下生を中心に石碑建立の計画が持ち上がり、大金の1200円が集まった。

　阿里山神社の境内が設置場所に選ばれ、1933（昭和8）年に建立された。正面には西田幾多郎の揮毫による「琴山河合博士旌功碑」の文字が刻まれている。「琴山」とは河合の号である。日本における近代森林学の先駆者であった河合鈰太郎は、同時に「阿里山開発の父」として慕われる日本人でもあった。

河合博士の顕彰碑

不毛の大地を緑野に変えた日本人
八田與一

　　毎年５月８日が来ると思い出す光景がある。

　1983 年、烏山頭ダムの辺で行われた八田與一慰霊追悼式のことである。高雄日本人学校に勤務して３年目を迎えていた私は、台南駅で嘉南農田水利会の呉徳山氏と黄粲翔氏に迎えられ式典に参加していた。

　八田技師の銅像の前には供物が並べられ、３人の尼僧が来ていた。40 人あまりが参加した式典が終わると片付けをしながら話し始めた。「八田さんが生きていたら 96 歳やな」と流暢な日本語で話す。「八田さんが工事をしなかったら、米ができる土地にはならなかった。八田さんは大恩人や」。八田與一の話が鎖の様に繋がる。「いや、大恩人というより神様だ。神様と想っている人間が、嘉南には多い」と言う。私は「日本人のためにこんな式典をしていただいてありがとうございます」と頭を下げると「違う違う、八田さんは亡くなって台湾人になったのです。お礼をいうのは私たちの方ですよ。この式典に参加していただいた日本人は戦後では貴方が最初です。来ていただいてありがとうございます」という。

　嘉南の農民から神の如く慕われ、命日が来る度に一度も欠かさずに墓前追悼式が行われる八田與一とはどのような人物で、台湾で何をしたのか、その行動記録や八田技師にまつわる秘話を書き記すことにする。

　八田與一は 1886（明治 19）年石川県河北郡今町村で生まれた。姉 1

人、兄4人の末っ子であった。父の四郎兵
衛は15町歩の田畑を持ち、豪農として村人
からの信望があった。與一は50歳を超えて
の子供で末っ子ということもありかわいが
られて育った。與一はそれを良いことにが
き大将に育っていく。庭の木の上から「おー
い」と叫ぶと、近所の子供が集まってきて「よ
いっちゃん、今日は何するのや」という具
合である。

東京帝大の八田

　花園尋常小学校、森本高等小学校、金沢
第一中学校を卒業すると第四高等学校に入学し西田幾多郎に学んでい
る。四校での成績は80点前後、中の上で、秀才ではなく努力の人といっ
た方が近い。

　数学が得意だった與一は、土木の道に進むべく東京帝国大学土木工学
科に入学する。ここで強烈な恩師に出会う。広井勇である。札幌農学校
二期生で新渡戸稲造、内村鑑三、宮部金吾、南鷹次郎たちと同期である。
クリスチャンネームをチャールスといった。欧米へ自費で6年間留学後

広井勇教授

に帰国、27歳で札幌農学校助教授、30歳
で小樽築港所長を拝命、35歳で小樽北防波
堤を設計し施工した偉大な技師である。37
歳で東京帝大教授に抜擢され多くの優秀な
若者を育て世に送り出した。「もし、広井が
いなければ、日本の近代土木は50年の遅れ
をとった」といわれるほどの偉大な教育者
でもあった。

　学生の八田は言うことが大きいので「大
風呂敷の八田」という渾名をもらっている

が、その大風呂敷を広井教授は目を細めて見守った。

濱野弥四郎

「八田に内地は狭すぎる。内地にいれば、狭量な役人に疎んじられる。八田の風呂敷は外地でこそ生かされる」

八田に台湾行きを勧めたのも広井である。與一は土木の新天地台湾行きを迷うことなく決め、卒業した翌月の1910（明治43）年8月に渡台した。與一24歳のときである。赴任したのは台湾総督府土木部工務課で、技術職では14名の技師と與一を含め31名の技手がいた。技師の中には濱野弥四郎、川上浩二郎、十川嘉太郎、清水一徳、堀見末子、国広長重、大越大蔵など帝大の先輩が、多忙な生活を送っていた。

赴任して4年目には技師に昇進し、衛生工事担当になった。1914（大正3）年には「台南上水道新設工事」が、濱野弥四郎技師の設計により実施されることになり、八田技師も従事した。この工事は、曽文渓を水源に「山上」に水源地と浄水場を設け、人口3万の台南市に、10万人分の飲料水を供給するという近代的で画期的な工事であった。この工事は10年近い期間を要し1922年に竣工した。この工事に従事したことは、八田技師にとって有益であった。濱野技師の仕事に対する考え方や生き様に感銘を受けただけでなく、仕事の進め方や人夫の使い方、それに曽文渓を中心とした地形にも詳しくなった。工事に携わり2年が経過した年に人事異動が行われ、土木課長の椅子には山形要助技師が座り、八田技師は灌漑担当に異動した。後ろ髪を引かれる思いで濱野技師と別れ台南を去った。

その頃、水不足に悩む桃園台地に埤圳を構築する計画が総督府内で浮上した。桃園台地には「埤塘」と称する貯水池が数千を数え、それが

ネットワーク化されて農民の貴重な生活資源になっていた。しかし、水が不足すると「埤塘」が干上がってその生産システムが機能せず、居住民の生活だけでなく、宗教や文化にまでも多大な負の影響を与えることになる。そのことを恐れた総督府は、桃園台地に2万2千ヘクタールの完全な良水田を得る目的で灌漑計画を立案、土木局の官費官営工事として実施することにした。「桃園埤圳」と名付けられた灌漑工事は土木課が担当することになった。山形課長はこの工事を最年少技師の八田に任せることにして、呼び戻したのである。八田技師は事前調査と測量を行い、これを基に狩野三郎技手を中心とする若手技術者が設計と施工を担当した。基本設計は、淡水河の支流、大漢溪上流の石門峽、つまり現在の石門ダムの左岸に取水口を設置、約25kmの導水路を造ることにした。この導水路の途中に貯水池を設け、ここから幹線、支線、分線の給水路を通して、河川の水と雨水を利用して灌漑するというもので、石門取水による溜池灌漑方式をとった。当然、それまでに造られていた数多くの「埤塘」も利用した。ため池の堤高を高くして貯水量を増やし、「埤」と「埤」をネットワーク化するための水路、「圳（しゅう）」を設けた。大きなダムを造ることなく、大小のため池を活用して、貯水量を増やすという画期的な工事は、世界的にも例を見ない方法であった。1916（大正5）年11月に着工し、総事業費770万4千余円を費やして、8年後の1924年に竣工した。

　戦後「桃園大圳（たいしゅう）」と名付けられた灌漑（かんがい）施設は、百年近く経った今日でも桃園台地を潤し、そこに住む人々に多くの恩恵を与え続けている。

　桃園埤圳の工事を指揮して2年あまり経過したとき、山形課長に呼び出された八田技師は、水力発電用ダムと灌漑ダムの適地探しの依頼を受けた。

　山形課長は高雄港湾課長時代に高雄を一大工業地帯に、港を世界貿易港にすべきとの持論を持っていた。実際、急激に工業化が進み電力不足

が現実となっていた。しかし、灌漑用ダムの建設は事情が違った。内地では米不足が深刻でインディカ米を南京米と称して輸入に頼っていた。1918（大正7）年には米騒動が起き食糧増産が急務となっていた。台湾を食料供給地と捉えていた政府は、総督府に対して米の増産を要請してきたのである。

　山形課長の要請を受けた若い技師等が適地探しのために台湾全島を調査した。風土病があり、道なき道を踏破する調査は厳しかったが、水力発電用のダムの適地は、国広長重技師により発見された。台湾中部の湖、後の日月潭である。この工事は台湾電力株式会社を設立し、堀見末子技師長の指導・監督のもとで1919（大正8）年に着工された。一方灌漑用ダムの適地については、相賀照郷嘉義庁長の要請から始まった。相賀庁長は「桃園埤圳のような灌漑施設を嘉義にも造ってほしい」と山形課長に談判して引き下がらないため、二週間の期限付きで八田技師が調査することになったのである。相賀庁長は非常に喜び、支庁長や外勤警部補を案内役に14ヶ所の適地を調査した。

　八田技師は、嘉南平原の調査で広大な大地が不毛の大地として放置されているのを目の当たりにした。さらに日々の飲料水にも事欠く農民の生活環境にも愕然とした。貯水池が造れる場所は曽文渓の支流、官田渓だけであることも分かった。八田技師はこの台地に水路を引けば、不毛の大地が台湾最大の緑野に変わるはずだと考えた。総督府に帰任した八田技師は、基本計画を作り、山形課長に提出した。「官田渓埤圳工事計画」である。書類に目を通し終えた課長は一言、「馬鹿者」と叫んだ。「2万2千の桃園埤

測量小屋の八田與一技師

圳だけでも大変なのに、7万5千の灌漑だと、この「馬鹿者」が大風呂
敷を広げやがって……」

　八田技師は課長から「馬鹿者」呼ばわりされることには馴れていた。
課長が落ち着くのを見定めて説明を始めた。説明を聞き終わった課長は、
納得したのか「下村長官に上げてみる」という。数日後、下村長官に呼
ばれ「米の増産とサトウキビの増産をするための灌漑施設を考えてくれ」
と要請を受けた。八田技師はサトウキビ12万トンの増産のため、灌漑
面積を15万ヘクタールに拡張した。新たな水源には台湾最大の濁水渓
からの取水を考えて計画書を作り提出した。下村長官は日月潭水力発電
計画と官田渓埤圳計画の二つを国会に提出した。その結果、電力会社案
には予算が付いたが、灌漑計画案は調査不十分という理由で、再度調査
して提出することになった。4万5千円の　調査費が付いたため、各班
長に阿部貞寿、齋藤己代治、佐藤龍橋、小田省三、磯田謙雄を指名し総
勢60人の工夫と共に嘉義高砂ホテルに陣取り不眠不休で半年間調査に
没頭した。調査は測量に始まり、烏山頭ダムや給排水路の支線、分線ま
で行い、設計図と共に予算書を作成して再度国会に提出された。

　国会に提出されるまでの総督府土木局内の様子を記しておく。設計図
と予算書を携えた八田技師は、部下に見送られ嘉義駅から上京、台北に
着くと総督府の会議室に腰を下ろした。下村民政長官をはじめ相賀照郷
土木局長、山形要助土木課長以下技師たちが八田技師の説明を聞き終わ
ると、多くの技師が驚嘆した。その工事規模の大きさに対してである。
灌漑面積15万ヘクタール、水路路の延長16000km、工事期間およそ6
年間、必要経費は事務費を入れて4300万円という。「水源は、どうする」
と山形課長が口火を切った。「濁水渓からの直接取水で5万2千ヘクター
ル、それに官田渓に造るダムから9万8千ヘクタールの灌漑を考えてい
ます」と答える。「ダムの規模は」と聞く。「有効貯水量約1億5千万ト
ンのダムを半射水式で造ろうと考えています。これがその設計図です。

全部で300枚あまりあります」ダムの設計図を見て、技師全員が我が目を疑った。堰堤長1273m、堰堤の高さ56m、底部幅303m、頂部幅9mの巨大な堰堤の断面図が描かれていたのである。東洋はおろか世界にも例がない規模のダムを、32歳の技師が設計していたのである。「八田の大風呂敷」が真価を発揮していた。局長以下、ほとんどの技師が質問を終え、静寂が会議室を包んだ。下村宏民政長官がおもむろに口を開いた。

「この規模の工事は、内地にはあるのか？　内地にないとすれば、巨大工事を二つも台湾でやるのは愉快じゃないか」

　この言葉に、今度は土木局全技師が我が耳を疑った。「日月潭水力発電工事」と「官田渓埤圳新設工事」という巨大工事を土木局が一度に背負い込むことになるのである。「金のことは何とかする。工事をするからには、必ず成功させてくれ。八田技師、頼んだよ。ところでダムの人造湖はまるで堰堤に生えた珊瑚樹そっくりだな。北の日月潭に南の珊瑚潭というのはどうだろう」。長官は機嫌良く会議室を後にした。これ

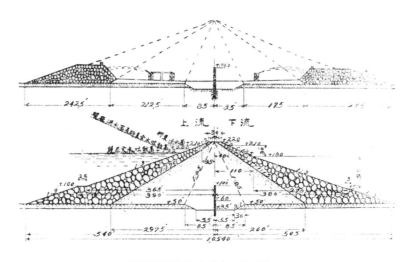

八田技師が設計した烏山頭ダム断面図

で総督府土木局内での審議は終わったのである。巨大な灌漑事業が嘉南平原で動き出そうとしていた。八田案は明石元二郎総督の決断を経て第42帝国議会で審議された。そして米騒動の苦い経験をしていた議会は7月の追加予算で通過成立させたのである。この巨大工事は総督府の直轄工事でなく、民間工事として国が補助金を支出して、総督府が工事全体を監督する方式にした。そのため「公共埤圳嘉南大圳組合」が設立され、八田技師は総督府から組合に出向して、烏山頭出張所長として工事を指揮することになった。

　1920（大正9）年9月1日、烏山頭の工事起点となる小高い丘で起工式が行われた。工事は4ヶ所に分かれて行われる事になっていた。一つは曽文渓から取水するための烏山嶺隧道掘削工事、二つ目は濁水渓からの直接取水工事、三つ目は烏山頭ダム構築工事、最後が水路をネットワーク化する給排水路工事である。これらの工事が広大な嘉南平原全域で行われるのであるが、最も重要なのが烏山頭ダムの建設で、この工事現場の責任者は、当然ながら設計者である八田與一技師があたった。

　八田技師は工事にあたって驚く行動に出た。「この工事は人力より機械力が成否を決める」と考え、現場の職人が見たこともない大型土木機械を、渡米して大量に購入した。さらに「安心して働ける環境無くして、

ダム工事用に造られた烏山頭出張所や職員住宅全景

良い仕事は出来ない」という考えから工事現場の原生林を切り開き68棟もの宿舎を造り200戸余りの部屋を新築した。その上、従業員のための学校、病院、購買所、風呂、プールに弓道場、テニスコートまで造った。工事を請け負った大倉土木組（現大成建設）の倉庫や事務所、それに烏山頭出張所を加えると、常時千人余りの人が暮らす街が出現した。外部の街から働きに来る人を含めると二千人近くになるため、台南州は急いで警察派出所を造ったほどであった。

　1922（大正11）年12月6日、不幸が工事現場に襲いかかってきた。烏山嶺隧道掘削工事中に入り口から900m掘り進んだところで、噴出してきた石油ガスに引火し大爆発を起こしたのである。この事故で50数名の作業員が死傷した。工事を始めて2年目であった。八田技師は打ちひしがれたが、遺族の「亡くなった者のためにも、工事を必ずやり遂げてほしい」という言葉に励まされ、決意新たに工事に取り組んだ。ところが半年余り経った1923（大正12）年9月1日、帝都を直下型の巨大地震が襲った。関東大震災である。そのため、台湾総督府から多くの義援金を贈った結果、工事の補助金は半減される事態になった。そのため職員の半数を解雇せざるを得なくなった。部下から優秀な人間は残して欲しいと頼まれたが、八田技師は悩んだ末に優秀な職員から解雇した。「優秀な職員は就職口があるが、そうでない者は路頭に迷う」と言って、退職金を渡しながら涙を流したという。解雇した職員の再就職先は、組合より給料が良いところに世話をしている。その上、再び満額の補助金が付くと、希望する者は全員雇い入れたというから、八田技師の人間性に惹かれる者が多かった。震災の影響で工事期間と予算が見直され、すべての工事が完了したのは、着工から10年後の1930（昭和5）年であった。その間に烏山頭で亡くなった者は家族を含め134人にもなった。八田技師は殉工碑を堰堤の下に造り、日本人台湾人の区別なく死亡順に名を刻んだ。

　5月10日には竣工式が
行われ、ダムの放水門から
激流になって流れ出た水
が、16,000kmの給排水路
になだれ込んだ。水路を流
れくる水を目にした農民
は、信じられない思いで叫
んだ。「神の水だ。神が与

完成直後の放水門と導水路

えてくれた恵みの水だ」。この時から、八田技師は「嘉南大圳の父」と
して嘉南60万の農民から慕われ尊敬されるようになる。神の水がす
べての水路に行き渡るのに3日間を要した。その3日間、烏山頭では
2600人近い日本人や台湾人の従業員による祝賀会が続いた。世紀の大
事業は終わった。八田技師は家族とともに7月には烏山頭を去り、再び
総督府の技師として活躍する。翌年の7月には、蔵成信一を発起人代表
とする校友会が注文していた八田技師の銅像が烏山頭に届き、ダムを見
下ろす丘に設置された。

　完成から3年後には、不毛の大地15万ヘクタールが蓬莱米、サトウ

校友会が贈った銅像

キビ、野菜による三年輪作給水法によって
緑野に変わった。総督府の考えた食糧増産
計画は成功を収め米も砂糖も日本内地へ大
量に移入されるようになった。その結果、
嘉南の農民が、経済的に豊になり生活が一
変したのである。奇美の創設者許文龍氏は
「台南では街の人より農民の方が豊かなの
が不思議であった」と少年時代を振り返っ
て語っている。

　1939（昭和14）年、八田技師が勅任官

になり2年が経った12月8日、対米交渉で追い詰められた日本は、「ニイタカヤマノボレ」の暗号電文を連合艦隊に発し対米英戦争が始まった。戦雲は軍人だけでなく、八田技師をも巻き込んだ。1942（昭和17）年4月20日、陸軍から米軍が破壊したフィリピンの綿作灌漑施設の調査命令が届いたのである。八田技師は3人の部下を同行し「南方資源開発要員」として、宇品港で大洋丸に乗り込んだ。大洋丸は1010人の技術者、34名の軍人それに300名余の乗組員を乗せて5月5日午後7時30分出港、滑るように瀬戸内海を南下した。8日五島列島沖にさしかかった時、米国潜水艦の発射した4発の魚雷を受け大洋丸は有能な技術者を道連れに東シナ海に没した。八田技師56歳の悲劇であった。悲劇はまだ続く。1945（昭和20）年9月1日、3人の娘と共に台北から烏山頭に疎開していた外代樹夫人がダムの放水プールに身を投げ自死した。45歳の若さであった。台湾永住を決めていた夫妻のことを知った組合は、ダムを見下ろす丘に日本式の墓碑をつくり夫妻を納骨し、除幕式を行った。以降、組合は八田技師の命日5月8日が来る度に、毎年墓前にて追悼式を行っている。

在りし日の大洋丸の雄姿

八田與一技師に関する秘話

1　銅像

1930（昭和5）年5月、嘉南大圳の心臓部である烏山頭ダムが完成し、15万ヘクタールの大地に「神の与えし水」が、満たされ世紀の大事業

が終わった。八田技師は再び台湾総督府に復帰することになった。烏山頭の従業員も新たな職場に移動し、再び集まることはないはずである。苦楽を共にしてきた10年間の歳月が愛しく別れが辛かった。

　「何か記念になるものを残しておきたい」。自然発生的に声が上がった。「そうだ、八田所長の銅像をつくって、起点に置こう」

　固辞していた八田技師は「台の上から見下ろしているような像にだけはしないで欲しい」という条件を付けて同意した。

　発起人総代は蔵成信一機械課長がなった。従業員からの寄付と校友会からの贈呈分を合わせると1779円にもなった。現在の価値にすると800万円ほどであろうか。銅像の制作は東京在住の伊東哲の紹介で朝倉文夫塾の都賀田勇馬に1200円で依頼した。起点に腰を下ろし何時も頭髪をいじりながら思索する銅像が、1931年7月8日烏山頭に運び込まれた。

　時は流れ、大東亜戦争が終盤にさしかかると金属類供出令による銅像や釣鐘の供出が行われた。八田技師の銅像も例外ではなく烏山頭から姿を消した。

　1945年8月15日、戦争はポツダム宣言の受諾により終わり、台湾は放棄されることになった。八田技師の銅像は供出後、行方不明のままであった。ところが偶然にも台南市内の闇市で坂井登少年が見つけ父親に伝えた。かつて八田技師の部下だった坂井茂は、直ちに嘉南農田水利協会に連絡した。銅像の無事を喜んだ水利協会は、直ちに買い取り番子田の協会倉庫に運び込んだ。日本人の銅像や神社か撤去される時代である。銅像の存在が発覚するのを恐れた組合は、夜陰に乗じて烏山頭に運び、かつての八田家のテラスに置いた。ところが、台南神社の神馬の尻尾が切り取られ売られるという事件が起きた。心配した協会は、ダムの管理事務所の地下室に銅像をしまい込み、以後30年余り封印した。

　1975年水利協会は、銅像を再設置するための許可願を政府に提出したが、日本による国交断絶という煮え湯を飲まされたことが影響したの

か、「不許可」であった。その3年後、再度許可願を提出したが、無回答であった。黙認と考えた協会は、万一銅像が壊されても再度作れるように母型を作り、今度は母型を地下室に隠した。八田技師の銅像は1981（昭和56）年1月1日に台座を付けて元の場所に再設置された。烏山頭から姿を消して37年が経過していた。嘉南の農民は、苦労して八田技師の銅像を守り抜いたのである。

銅像の母型

2　セミハイドロリック工法

　八田與一が設計した烏山頭ダムの工法は、セミハイドロリックと呼ばれる東洋では唯一、その規模は世界最大の半射水式アースダムである。八田技師がこの工法を提案した理由は二つある。一つは日本同様に地震の多い台湾で1273m もの長大なダムをコンクリートで造りたくなかった。さらにダムを構築する烏山頭周辺の地質が粘土質で近くの曽文渓には築堤に必要な砂礫が大量に存在したからである。事実。烏山頭ダムにはわずか0.5％のコンクリートしか使われていない。ハイドロリック工法とは粘土含む砂礫を水で運び、積み上げて堰堤を造る工法である。八田技師の工法にはセミの文字が付いているが、それは土砂の運搬に水を使わず列車を使って運ぶからである。

　八田技師の親友に1年後輩の石井頴一郎がいた。石井は、1885年横須賀市に生まれ、1911（明治44）年大学卒業後は横浜市水道局を皮切りに、水力発電等を研究、特に堰堤工事を研究した。1938年10月日本

電力を辞任し、台湾電力顧問に就任。大甲渓、その他の堰堤・発電所について工法指導をした技師である。八田技師とは生涯の友であり、頻繁に手紙のやりとりをした。その手紙の中にセミハイドロリックに関する八田技師からの手紙が保存されていた。そこにはセミハイドロリック方法に関する八田技師からの貴重な文面が書かれていた。ここに紹介する。

「米国でシルラーという技師が射水式ダムを考案した。ダム付近の高地にある土砂に射水を吹き付けて山地を崩壊し、桶でその土汁を運搬して、ダムを造るのであるが、常に条件が良いというわけにはいかないから『カラベラスダム』の如きは、礫が不足のため工事中決壊を起こした。烏山頭は周囲の山が全部粘土だから、この土だけでダムを造るのは危険であると思った。そこで曽文渓から適当な砂礫を汽車で運搬してきて、ダムの両側に捨て、それに射水して粒度を大小に分解しダムを築造する案を考え出した。その頃はまだ米国に半射水式ダムの現れていない時代だったから奇抜な方法と思われたのも無理はない。自分はこの工法がベストと信じたから、それを実行しようとした。ところが当時の○○技監や山形課長はどうしても許してくれない。そのような射水ダムは、ないというのである。だから自分が発明したのだと言っても、外国にないものは、相成らぬと言って、大反対だった。しかし、自分はその工法以外に安全な案はないと信じていたから、それなら自分の意見を学会に発表して賛否を問うことにしてはどうかと申し出た。ところが、かかる役所の秘密を発表することはもっての外だと言ってこれさえ許してくれない。かといってみすみす危険だと思う工法を遂行することができるものではない。かような有様でもめていたが、大正9年米国でホルムスという技師が半射水式を発明、一方純射水式のカラベラスが工事中潰れたので、漸く自分の

半射水式による烏山頭ダム工事

意見が認められ、半射水式工法によってあのダムが出来たのであった。同時に15万町歩の耕地が、甘藷と水稲と三年輪作に成功したのも自分の創案が認められた結果である。こんな訳で半射水式は米国に先鞭をつけられたが、自分の創案の方がはやかったことをひそかに誇りにしている」

この手紙は、八田技師がセミハイドロリック工法と三年輪作給水法を創案していたことが伺える貴重な資料である。もしこの時、八田技師の提案を受け入れて実施していたら、烏山頭ダムはセミハイドロリック工法による世界初の世界最大のダムとして記憶されたに違いない。

3　八田夫妻の墓碑

1942（昭和17）年5月8日、八田技師が乗った大洋丸は米国潜水艦の攻撃により撃沈され、八田技師は千人余りの優秀な技術者と共に東シナ海で56歳の生涯を閉じた。一方、外代樹夫人は、夫の死後3年目を浩子、玲子、成子と共に疎開先の烏山頭で迎えていた。戦争が終わり、学徒動員に出ていた次男の泰雄が8月31日に烏山頭に帰ってきた。翌9月1日未明、「玲子も成子も大きくなったのだから、兄弟姉妹仲良く暮らしてください」と遺書をしたため烏山頭ダムの放水プールに身を投げた。45歳の若さであった。

戦後、この日本婦人の死は「夫を慕うあまりの死」として語られ日本女性の美徳として広まっていた。大宅壮一ノンフィクション賞作家の鈴木明氏でさえも1978年に出版された「続・誰も書かなかった台湾」の中で「電報を手にしたとき『みやと慕いてわれはゆくなり』という遺書を残して嘉南大圳に身を投げて死んだ」と間違った記述をしている。この間違った遺書の与えた影響は小さくない。外代樹夫人の死は、殉死ではなく精神的なダメージを受けた結果の死と考えるのが妥当と筆者は考

えている。そうでなければ、利発な外代樹夫人が焦土と化した日本に8人もの子供を残して死ねるわけがない。

　終戦当時、烏山頭出張所の所長だった赤堀信一は、6女の成子から外代樹夫人の不明を知らされ、真っ先に現場に駆けつけた人である。八田夫妻とは古くから交流があった赤堀所長は、八田夫妻が烏山頭の地で永眠することを願い、水利協会に相談した。夫婦とも「台湾に永住する」ことを聞いていた水利会の職員は、赤堀所長の願いに即断し、ダムを見下ろす場所に置くことに同意した。

　大理石なら幾らでもある台湾で、日本式の墓石にするため御影石を探した。高雄で福建産の墓石を見つけ、銅像があった場所の後ろに建立した。1946年12月15日のことである。墓碑には昭和21年でなく中華民国35年と彫られた。赤堀所長の指示であった。「中華民国暦にしておけば、将来この墓碑が台湾人によって造られたといわれるようになるだろうが、それで良い。八田夫妻もそれを喜ぶはずである」と後年語っている。歴史はそれを証明した。

八田與一の銅像と夫妻の墓石

台湾を「蓬莱米」の島にした日本人
末永　仁
<ruby>仁<rt>めぐむ</rt></ruby>

　台湾が清国から日本へと割譲され、一定の時間が経過して日本の台湾経営が軌道に乗ったあと、農業問題が一つの焦点になった。日本は近代化によって人口が増えたため、食糧不足の解決が急務となっていた。そのため、政府は温暖な台湾を食料の供給地にする計画でいた。台湾には17世紀頃に稲の栽培技術が伝わっていたため、台湾米として大陸で売買されていたが、それは粘りの少ないパサパサした食感のインディカ種であった。そのため粘りのある日本人好みのジャポニカ種の栽培が急がれた。

　そこで1899年台北農事試験場で内地種10品種の試験栽培を行ったが、栽培法が確立してないためことごとく失敗した。総督府では在来種の研究を優先して実施することにし、1910（明治43）年から赤米の除去や優良品種の選抜などを全島で開始した。

　この年に一人の青年が、台湾に渡ってきた。末永仁である。以後、末永は始まったばかりの米の品種改良に生涯を捧げ、後に述べる磯永吉が「蓬莱米の父」と呼ばれるのに対し「蓬莱米の母」と呼ばれるようになる。

　末永仁は1886（明治19）年3月15日に福岡県大野城市大城（旧筑紫郡大野村釜蓋）の第4代目村長の長男として生まれた。1905（明治38）年に大分県の三重農学校（現大分県立三重農業高校）を卒業すると直ちに福岡県立農事試験場に就職した。23歳の時、長男が生まれて間もなく妻が病死した。農業技術者不足の問題を抱えていた台湾から、

農学校の豊田先輩が、就職話を持って来た。人生の再出発を考えていた末永は、長男を両親に預けると台湾に渡った。23歳のときである。渡台した末永はか嘉義廳庶務課に就職し、技手として始まったばかりの稲の品種改良に取り組むことになる。

　末永は農学校で学んだ知識をもとに品種改良に熱心に取り組んだ。実直で几帳面な性格を反映して、事細かな実践記録をノートに記録し、1913（大正2）年から始まった「技術員制作作品展覧会」に応募、2年続けて一等賞に輝いていた。そのためか、1915（大正4）年10月には、台中庁の台中農事試験場に転勤になり、試験場農場主任となった。すでに2月に赴任していた磯永吉技師は、末永の着任を誰よりも喜んだ。博覧会に提出された335編の論文の中で、末永が「台湾での栽培には内地種が適しており、将来普及すべきもの」と結論付けている記述を記憶していた。磯も内地種の研究には台中が最も適していると、転勤希望を

大島部長訪問時の農事試験場職員　前列中央大島右隣末永

出した人物である。末永のような現場を任せられる人材が欲しいと思っていた。

　二人は同い年で共に野球が大好きで、何よりも内地種米の品種改良に熱意を持っていた。磯は頭脳明晰で社交的であり行政的、政治的手腕を持つのに対し、末永は努力家で温厚で堅実さを持つ人柄であった。研究においては、技手の末永が現場での実践面を、技師の磯が理論面を担当した。この両輪のごとき関係は、磯が転勤した後も終生続くことになる。磯場長は純系分離選抜法によって優良なる250品種を選抜した後、不可能といわれた在来種と内地種の交配にも成功、「嘉南2号」「嘉南8号」などの育種にも成功した。ただ、これらの品種は味が良くないため、市場に出ることはほとんどなかった。

　一方、末永も1917年に画期的な「稲の老化防止法」を在来種で発見した。「稲の老化防止法」とは、密植せず小さく強健に育てた苗をこれまでより早い時期に本田へ移すという方法である。この簡単な方法が、これまで老熟苗を移植していた在来種の田植えの常識を大きく変えることになる。この年、磯技師は1年半に及ぶ欧米留学に出かけるが、その間に末永は在来種での成功を内地種でも試した。その結果、1920年には内地種でも成功したのである。これは、内地種を亜熱帯の地でも育てることが出来ることを証明する画期的な発見であった。しかし、なぜこの方法で上手く生育するのかという科学的根拠が分からないため、公表しないでいた。

　留学を終えた磯は、総督府中央研究所技師として種芸科長に就任した。当然、末永の内地種の育種成功に歓喜し、末永によって「若苗」と命名された内地種育成の科学的根拠を解明すべく二人して難題に挑んだ。その結果、C/N比（窒素率）を用いて解明することに成功し「若苗理論」と名付けて1921（大正10）年に発表した。ここに台湾における日本種の栽培法が確立し、台湾における稲作が大きな転換を迎えることになる。

1899（明治322）年に内地種栽培に失敗し
てから22年が経過していた。在来種の研究
を終えていた総督府はこの快挙に沸いた。

　若苗理論は完成したが、まだ安心はでき
なかった。農民に配布する種籾をどこで栽
培するかという難題が残っていた。この解
決に努力したのが仙台出身の総督府殖産課
に籍を置いていた東北帝大出身の平澤亀一
郎である。

晩年の平澤技師

　平澤は火山で出来た台北郊外の大屯山「竹
子湖」に目を付けた。この地は海抜600m余りで低湿度、多雨量、肥
沃な土質に加え周りを山々に囲まれていて、九州と気候が似ているうえ
在来種との自然交配や病虫害を防ぐのに最も適した試験田であると確
信し、九州産「中村種」を植えて良い結果を出していた。1923（大正
12）年には台北州庁が「竹子湖原種田事務所」を設置し内地種の種籾
を大量に作ることに成功した。台北州の農家に奨励されたのを皮切りに、
中村種や愛国種の種籾は、「竹子湖」から各地に配送され栽培面積が拡
大し、収量が増えたため日本内地でも高値で売買されるようになった。
この状況を知った伊澤総督は、1926（大正15）年5月に開催された「第
19回大日本米穀大会」において台湾で栽培される内地種を総称して「蓬
莱米」と命名した。ところが、6月に台湾特有のイモチ病が「中村種」
に蔓延、そこで、嘉義農事試験支所にて選抜されていた「嘉義晩2号」
が奨励され中村種に取って代わった。しかし「嘉義晩2号」は食味に問
題があり市場価値が低いため、農民は新品種の出現を期待するようにな
る。

　技師に昇進した末永が、1924（大正13）年に台中農事試験場で内地
種の「神力」を父に「亀治」との交配を行い良い結果を出していた。し

末永仁台中農事試験場場長

かし選抜し奨励するには検証が不十分で、研究を継続する必要があった。

　この交配種は優れた特性を持っていた。耐病性、広域性があり、一期作・二期作ともに適応すること、また施肥により収量が増加、倒伏しないという夢のような新品種であった。末永が場長になった1927年には選抜を終え、65番目の圃場で作られた新品種に「台中65号」と命名した。その2年後には種籾も準備され奨励を開始し、農家への配布を実施した。新品種の登場を待ち望んでいた農民は、直ちに栽培を始めた。これまでにない特性の「台中65号」は、多くの農民に喜ばれその熱気は全島に広がる勢いをみせた。その結果「台中65号」を筆頭に蓬莱種の作付面積は、全耕地面積の60％にもなり1934（昭和9）

農事試験場場長官舎前の末永仁一家

年には75万トンもの蓬莱米が日本に移出された。台湾の米作農家は経済的にも豊かになり、蓬莱米の出現は台湾農業を大きく変えた。蓬莱米は冷めても味が悪くならないため、冷や飯を口にしなかった台湾人の間でも日本料理が行われるようになり、食生活や生活様式への影響が顕著になった。現在台湾で栽培されている新品種の米には、すべて「台中65号」の血が流れており蓬莱米の代名詞と言っても過言ではない。現在、台湾における蓬莱種の作付面積は、98％に達し、戦前の生産髙をはるかに上回っている。

　末永仁が台中農事試験場へ赴任してから20年の歳月がたっていた。場長になっても、朝5時に起き圃場を見回ってから朝食を摂る習慣は変わらなかった。農民は、よく稲作の相談にやって来たが、丁寧に対応し質問に答える日々が続いていた。

　1935（昭和10）年ボルネオ島から稲作指導を依頼された末永は、サラワク王国のクチン市に出張した。ところが、翌年には結核に罹患した

昭和16年設置の末永仁の銅像

銅像の裏面に張られた顕彰文

ため、やむなく帰台し自宅療養しながら場長の仕事を続けていた。しかし、帰国して2年後の1939年に圃場で倒れ12月24日に帰らぬ人となった。53歳の若さであった。葬儀には末永を「蓬莱米の母」と慕う農民や知人が多く詰めかけ、供物の山が会場を埋めた。葬儀から2年後には末永の功績を顕彰するための銅像が、有志の寄付により台中農事試験場の庭に建立され、李石樵作の肖像画が場長室に飾られた。1941年10月17日のことである。

　銅像の裏に取り付けられた銘板には、末永を顕彰する言葉が彫られていた。しかし、昭和19年に供出されて、共に行方が不明である。

台湾東部の発展に貢献した農業移民

佐久間総督

　1906（明治39）年4月に第5代佐久間左馬太総督が着任した。佐久間総督はこれまでの歴代総督が解決できなかった高地原住民、特にタロコ族の帰順と移民政策に力を入れた。

　台湾には3000m級の中央山脈が南北に走り、東海岸には1000m級の海岸山脈がこれまた南北に走っていて、その間に縦谷平野と名付けられた低地が展開している。台湾の西部は平地が広く歴史的にも早くから開け、人口も多く交通の便も悪くなかった。その反対に、東部は平野が少なく、峻険な山に遮られて交通の便が悪く人口も少ないうえ、首狩りを習慣とする高地原住民族を恐れて、開発が進まず以前から未開の地となっていた。

　1909（明治42）年移民政策を推進するため、台湾総督府殖産局林務課に移民事業を管轄させた。台湾全島の移民適地調査を実施した結果、東部ならば開墾する土地がまだ十分に存在し指導監督することも可能であると結論した。候補の一つに花蓮港の西に広がるチカソワン平原を選定し、測量を実施した。このチカソワンという地名は原住民族の言葉で清朝時代に漢字を当て「七脚川」としていた。12月27日に総督府職員が測量を実施している最中に「七脚川」平原を猟場にしていた原住民族が職員を、侵入者と思い襲った。この事件は、やがて警察や軍隊を使って鎮圧することになる。この七脚川平原こそが、後に官制移民第1号の移民村が造られる場所となる。台湾総督府は移民を募集するにあたって、

厳しい条件を付け実施した。

　総督府は以前、賀田金三郎が造った私設移民村の住人の中にならず者がいて、原住民族と揉めたため多くの移住民が馘首され、恐れた移住民が逃散した事件を知っていた。移住者へ厳しい条件を付けたのは、ならず者が移住することで、治安が悪くなり官制移民の評判が悪くなることを、避けたかったからであった。

　移住条件が厳しかっただけに、移住許可を受けた所帯には、優遇処置を与えることにした。

　1910（明治43）年1月17日に台湾総督府殖産局林務課の丹下幸作技手等の移民勧誘員が、徳島県で説明会を実施した。徳島県を選んだのには理由があった。維新後に行われた北海道開拓政策において徳島県人が良い結果を残していること。氾濫を繰り返す吉野川の改修工事により立ち退きを余儀なくされる農民がいたこと。さらに、気候風土が台湾の移住地に似ていることであった。

　総督府はまず試験的に第一次募集を実施、2月末までに10戸を選抜し、11月以降に一般募集を行うという慎重さをとった。一次募集では9戸20名の模範移民を決定した。選び抜かれた移民の多くは吉野川流域の農民が多く、3月3日には慌ただしく神戸港を出港し台湾に向かった。

　総督府は花蓮港庁蓮郷のタウラン社に「タウラン（荳蘭）移民指導所」を開設し、9戸の移住民に熱帯農業を習得させ、模範移民とした。さらにこの年、総督府は80万円近い予算を付け移民課を新設し、5月には「移民事務委員

タウラン移民指導所

会」を立ち上げた。この委員会は内田民政長官を含め局長や幹部 27 名で構成され、6 月から活動を開始した。2 月 17 日に設置されていたタウラン移民指導所を、6 月には「吉野村移民指導所」に変更し総督府移民課の直轄とした。この移民指導所には、直属の職員が 30 人ほどおり、他の職員を入れると 90 人を超えるという大所帯であった。

　10 月になると模範移民の成績が良いため、再度徳島県で一般移民の募集を開始した。徳島全県から 52 所帯の選抜を終え、第一陣 12 戸 72 名を笠戸丸にて神戸から出航させた。残りの 40 戸は 12 月 8 日に神戸を出航し基隆港に到着した。ここで船を乗り換えて花蓮港に向け太平洋を南下した。当時の花蓮港には大型船を横付けできる港はなく、沖合に停泊して艀で上陸する必要があった。この時の花蓮沖はしけていて上陸できないため台東まで南下しここで下船した。台東からは陸路を花蓮に向かい「吉野村移民指導所」に到着したのは 12 月 27 日であった。

花蓮港の荷揚げ風景

　1911（明治 44）年になると、移民事務委員会は七脚川移民村を「吉野村」と変更した。好成績を上げていた吉野村を模範にして、野呂寧移民課長が中心になって移民募集を再開した。「吉野村」への名称変更は徳島県で大いに効果を発揮し、100 戸 400 人余が応募した。さらに、原住民族タウラン蕃から約 200 ヘクタールを買い取り新たな移住民用の土地不足を補った。応募総数は中四国や九州を含め全体では 707 戸余りにのぼり、その内 279 戸が採用され移住している。

　この時の移住が吉野村への最後の集団移住で、これ以降は豊田村や林田村への移住と引き継がれていくことになる。

明治43年に徳島県から移民してきた61戸の移民が花蓮港で目に

したのは、目前にそびえる
3000mを超える山々であっ
た。入植地の七脚川移民村
は花蓮港から続く5間（9
m）道路を挟んで区画された
4500坪の敷地に、16坪の平
屋が用意されていた。日本内
地の杉材が使われ、屋根は茅

吉野村大通り住居

葺きで、木舞造りの土壁であったが、住むのには十分であった。その上、
簡易水道が引かれておりハイカラだと驚いた。小学校や神社、それに布
教所等の建物は、瓦葺きでしっかりした造りであった。
　耕作地には背丈ほどもあるコワチンと呼ばれる鬼茅が群生しており、
これを切り取って鍬で堀り起こす必要があった。土地は肥えていたが石
が多く牛と鋤を使っての開墾を行った。その上、最初は水が合わず下痢

吉野村尋常小学校

する者が多い上にマラリア等
の風土病や原住民族による盗
難があり、内地では想像して
いなかった苦労が続いた。そ
れでも、地道に開墾を続け一
致団結して村づくりに励んだ
結果、移民して7年、大正5
年頃になると見違えるように

開けてきたき。
　吉野村の東6kmに花蓮港が開け、西には七脚川が流れ1000mを超え
る峻険な山がそびえていた。吉野村は東西6km、南北8kmの平坦地で西
から東に、南から北にかけて緩やかに傾斜していた。北の宮前部落と中

央の清水部落、それに最後に
出来草分部落の集落で、耕地
面積は1260ヘクタール近く
あった。肥沃な大地には吉野・
宮前の二水路から灌漑され、
排水路も整備されていたので
浸水被害も少なかった。気候
も温暖で年中快適であった。

サトウキビの出荷風景

ただ欠点といえば、太平洋から吹き付ける潮風が西山肌にぶつかり天候
が急変することや夏から秋に台風が襲うことであった。

　1916（大正5）年の戸数は365戸、人口は1865人で男が992人
で女より少し多かった。この間に生まれた人数は214人で、死亡者が
198人と多かった。その原因は、台風被害とマラリア等の風土病であっ
た。出身地は徳島、広島、福岡、香川、佐賀、山口、熊本の順に多く各
県二桁の戸数であった。台東から花蓮までは東縦貫道路が走り、花蓮と
吉野村間には6kmにわたって手押軽便電車が走っていたので交通の便は
それほど悪くなかった。

　花蓮はかつてアミ族、サキザヤ族、タロコ族などの原住民族が居住す
る土地で、30戸81人しか住んでいない寒村であった。元来この土地
はサキザヤ族によって「キライ」と称されていたが、海流が速いことか
ら「洄瀾港」と呼ばれ、清代に「花蓮港」と呼ばれるようになったとい
われている。

　明治33年には、第4代児玉総督が地方視察を行い、広い平野を見て
将来性を直感し、台東庁花蓮港出張所を設置した。その後、佐久間総督
によるタロコ族討伐が明治42年に開始されると、花蓮港庁に昇格させ
区長役場が置かれた。その後は総督府による官制移民が行われ、人口が
増加するにつれて花蓮港の重要性が高まっていった。花蓮港の弱点は、

完成した蘇澳〜花蓮の臨海道路

3000m級の中央山脈に遮られて道路や鉄道の敷設が困難であるうえに、港を構築するのにも水深が1000mを超えるため埋立による築港ができなかった。そのため、陸の孤島状態になっていた。そこで、総督府は台東から花蓮に到る鉄道工事を明治43年に開始したが、原住民族の襲撃に襲われる中での工事のため、鉄道敷設の工夫は命がけで働き15年後の1926（大正15）年に全線開通させた。蘇澳と花蓮の間は100km近くあるが、海上から1000mもある清水断崖の岩盤が人間の入るのを拒んでいた。従って鉄道はおろか道路さえ作ることができなかった。困った総督府は、威信をかけて昭和5年に掘削を開始し8年の歳月をかけて臨海道路を完成させている。これによって、花蓮は南から鉄道で北からは臨海道路で結ばれ、陸の孤島から脱することができた。残るのは、築港である。花蓮庁の住人にとっては、大型船が横付けできる港を造ることは悲願であった。この夢を叶えようとしたのが、大正10年に庁長に就任した江口良三郎である。江口庁長は就任して間もなく奇抜な方法で港を造り始めた。海を埋め立てるのではなく、逆に陸地を掘削して海水を取り込む方法である。やがて、小さな港が完成し艀を常時係留できることになったため、大型船からの荷揚げ作業や上陸が楽になり、花蓮の住人は大いに喜んだ。総督府は花蓮に本格的な港を造るために、江口庁長の掘削方式を採用することに決め満を持していた。昭和5年烏山頭ダムが完成すると、その工事に使用されていた大型土木機械が利用できるようになった。昭和6年花蓮に運び込まれた大型土木機械によって大地が掘削され、ウナ

ギの寝床のように細長い
が、コンクリートで守ら
れた港が昭和13年に完成
した。この港の完成によ
り、農産物や砂糖それに
特産の大理石が移出され、
人口も増加の一途をたど
り東台湾の中心都市へと
姿を変えることになった。

築港に使われた大型土木機械

花蓮港の築港に用いられた大型土木機械による掘削工事は農業用水路掘
削にも使われ、昭和7年には待望の農業用灌漑水路である吉野圳が完成
した。さらに翌年には用水路に接続された宮前排水路も完成したため、
これまで細々としかできなかった稲作が一気に拡大した。しかも、圃場
には蓬莱米が植えられ良品質の米を収穫し、内地の米価高騰もあって高
収入で潤った。移住して初めて喜びを感じる日々であった。

　農業移民の血のにじむような苦労の積み重ねによって花蓮の発展が
あった。

　吉野村の南には賀田、寿、豊田、林田、大和、玉里、台東と農業移民
によって開発された村々が出現した。不毛の大地だった台湾東部は、農
業移民によって開発され、その開発によって花蓮が発展した。移民村の
開発拠点になった花蓮の発展具合を見れば、いかに農業移民によって開
発が促進されたのかが分かる。いや農業移民がなければ、花蓮の発展は
なかったといっても過言ではない。それほど、官制移民による吉野・豊
田・林田の移民村は、花蓮の発展に大きな影響を与えたのである。その
発展の礎を作ったのが、無名の農業移民の人たちであった。

台湾農業を変えた日本人
磯　永吉

　　1886（明治19）年11月23日、磯永吉
は広島県福山市で生まれた。広島県私立日
彰館中学を卒業すると札幌農学校に入学、
1911（明治44）年に東北帝大農学科（札幌）
を卒業した。翌年の3月には台湾総督府の
農事試験場種芸部農作物育種係の技手とし
て台北に赴任した。ここで始まったばかり
の米種改良事業に参加し、これが生涯の仕
事となった。磯永吉25歳のときである。一
体台湾で何をした日本人なのか？　その足跡を訪ねてみる。

　　磯永吉が渡台した頃の台湾米はパサパサした食感のインディカ種で
1200近い品種があり赤米や烏米も混入していた。当時の日本は米不足
のため台湾米を移入していたが内地米の半値程度の値段でしか売れな
かった。そこで1899（明治32）年台北農事試験場で日本人の口に合う
粘りのあるジャポニカ種10品種の試験栽培を行ったが、栽培法が確立
してないため失敗した。総督府はインディカ種の台湾米の研究を優先し
て実施することにした。1906（明治39）年の屏東・鳳山での栽培を皮
切りに、赤米の除去や優良品種の選抜などを全島の農事試験場で行って
いた。

　　渡台して3年目の1915（大正4）年2月に技師に昇進した磯は台中
農事試験場に場長として赴任した。品種改良の成功には優秀な職員を集
める必要があり、それを実践した。森山鞆次郎、西口逸馬それに10月
には嘉義廳に勤務する末永仁を試験場農場主任として迎えた。磯と末永

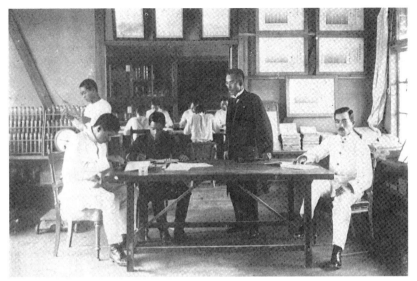

台中農事試験場研究室の磯永吉場長（右）

　の二人は明治19年生まれで共に野球が好きで気性も合った。何よりも
内地種米の品種改良に熱意を持っていた。研究においては磯が理論面を
末永が実践面を担当するという両輪の如き関係は、やがて大きな成果を
生みだすことになる。

　赴任した年に「遺伝子による台湾稲純系分離並びに選抜法」に成功し、
台湾稲の優良品種250品種を選抜した。その後不可能といわれていた
インディカ種の台湾米とジャポニカ種の日本米の交配に成功し「嘉南2
号」「嘉南8号」など100種もの育種にも成功した。

　1917（大正6）年には末永が「稲の老化防止法」を偶然発見する。「稲
の老化防止法」とは、小さく強健に育てた苗をこれまでより早い時期に
本田へ移すという方法である。この簡単なことが、これまで老熟苗を移
植していた台湾稲の田植えの常識を大きく変えることになった。しかし、
なぜ上手く育成するのかという科学的根拠が末永も磯場長にも分からな
かった。そのため磯場長が科学的根拠の研究に取り組み始めた矢先、磯

場長に1年半に及ぶ欧米留学が命じられた。磯場長は後ろ髪を引かれる思いで1919（大正8）年5月留学先に旅立った。残った末永は台湾稲の老化防止法を日本稲で試したところ1920（大正9）年に日本稲でも成功した。これまでより苗を本田に移植する時期を倍近く早めた結果であった。台北農事試験場で日本種の育成に失敗して20年余りが経過していた。この成功は日本稲を亜熱帯の地でも育てることが出来ることを証明する画期的な発見であった。しかし、台湾稲と同じく科学的根拠が分からないため公表することは出来なかった。

7月に帰国した磯は台北の総督府農事試験場種芸部長に就任、8月には中央研究所種芸科長、9月には嘉義農事試験支所長を兼務し、多忙を極めた。そんななか末永の日本種の育種成功を喜び、科学的根拠を解明すべく難題に挑んだ。その結果「若苗」育成の科学的根拠をC/N比（窒素率）を用いて解明することに成功する。この科学的根拠は「若苗理論」と名付けられ、1921（大正10）年に発表された。ここに台湾における日本種の栽培法が確立され、台湾における稲作が大きな転換を迎えることになる。この「若苗理論」に基づき「中村種」を台北郊外の大屯山の「竹子湖」で試験的に植えて成功した。やがて1923（大正12）年に磯技師の指導により「竹子湖原種田事務所」が設置され日本種の種籾が作られ台北州の農家に奨励したのを皮切りに次第に台湾北部での栽培が盛んになっていった。

翌1924（大正13）年には台中農事試験場で技師に昇進した末永が磯の指導の下で日本種の「神力」を父に「亀冶」との交配を行い良い結果を出していた。しかし、まだ選抜し奨励するには検証が不十分で、研究を継続する必要があった。

一方、中村種や愛国種の種籾は磯の指導により原種田から各地に送られ栽培が奨励されたため、収量が増え日本においても高値で取引されるようになった。この状況を知った伊澤総督は、1926（大正15）年5月

大正 15 年の磯永吉一家

に開催された第 19 回大日本米穀大会におい
て台湾で栽培される日本種を総称して「蓬
莱米」と命名した。ところが、6 月に台湾
特有のイモチ病が「中村種」に蔓延、蓬莱
米が危機に陥る。その時日本も凶作になり
蓬莱米が高値で取引されたため大きな問題
にはならなかったが、農民はイモチ病に強
い品種を望んだ。そこで、1925（大正 14）
年に中央研究所嘉義農事試験支所にて選抜
されていたイモチ病に強い「嘉義晩 2 号」

が奨励され中村種に取って代わった。しかし、「嘉義晩 2 号」は食味に
問題があり市場価値が低いため、多くの農民は新品種の蓬莱米の出現を
期待するようになった。

　台中農事試験場において磯、末永によって研究されていた「神力」と
「亀治」の交配種が「台中 65 号」と命名され交配から 3 年後に選抜を
終え、その 2 年後、1929（昭和 4）年に総督府は奨励を開始、種籾を
農家に配布した。「嘉義晩 2 号」の後継品種
を待ち望んでいた農民は、この「台中 65 号」
の耐病性、広域性を認識、一期作・二期作
ともに適応すること、また施肥により収量
が増え、倒伏しないことなどから全島に普
及する勢いをみせた。そのため「台中 65 号」
を筆頭に蓬莱種は全耕地面積の 60% に植え
られ 1934（昭和 9）年には 75 万トンもの
蓬莱米が日本に移出された。このため米作
農家は経済的に豊かになり、蓬莱種の出現
は農民だけでなく台湾農業を大きく変える

台北帝大の磯教授

と共に台湾人の食生活にまで大きな影響を及ぼした。現在栽培されている蓬莱米の新品種には「台中65号」の血が流れており、まさに「台中65号」は蓬莱米の代名詞と言っても過言ではない。今日蓬莱米の作付面積は98％に達し、戦前の生産高をはるかに上回っている。台湾はインディカ米の島からジャポニカ米の島に変わったのである。

　磯は渡台するとき新妻の「たつ」を伴っていた。大正期に愛子、百合子が生まれた。官舎に帰るとまず娘を膝の上に乗せるのが常だった。磯はめったに手紙を書かない。学位論文の下書きまで妻に書かせるという徹底ぶりである。手紙の代わりに電報を多用した。出張中の部下へも電報を打つ。受け取った方は驚くが、電文は「女将に宜しく」だったりする。磯は日彰館でも札幌農学校でも奨学金で卒業するほど優秀であった。頭脳明晰でしかも美形であったからモテもした。その上、ユーモアがあり飾らない性格のためか政治や行政の人間に顔が広く、学者タイプではなかった。結果的には、そのことが蓬莱米の普及には役に立った。学生が

昭和9年　磯教室の卒業記念慰労会前列左から4人目磯教授

最も緊張する卒論発表でも良い時は「君、憎いね」。逆の時は「そうかね」
だけである。知っていても知らぬ顔をする磯教授を学生はいつしか親し
みを込めて「狸おやじ」と呼ぶようになった。

　総督府農業部種芸科科長を務めると共に中央研究所の技師を兼任した
磯は、研究室に閉じこもることなく台湾全島に足を伸ばし、蓬莱米の普
及に勢力を注いだ。

　また、磯永吉は蓬莱米だけでなく輪作作物の研究にも力を入れ、「台
中小麦3号」を始めとする小麦の品種改良や大麦、甘藷、亜麻、トウモ
ロコシ、タバコなど裏作物の改良や育種にも尽力した。まさに台湾農業
を一大変革した日本人であり「台湾農業の父」と言っても過言ではない。
その上現地の農民の悩みを聞き指導も行うため「台湾の農民で磯永吉を
知らない者はいない」とまで言われ「蓬莱米の父」として農業関係者に
高く評価された。1928（昭和3年）に「台湾稲の育種学的研究」と題
する学位論文で北海道帝国大学の農学博士号を取得し、設立されたばか
りの台北帝国大学理農学部の助教授に就任。2年後には教授として多く
の教え子を世に送り出した。「台湾全土が研究室である」と台湾中に足
を運び「教室は大地である」と現場を大事にした。

　1945（昭和20）年日本はポツダム宣言を
受け入れ台湾を放棄した。日本人が台湾を
去って行く中で、中華民国政府の要請によ
り農林庁顧問として台湾の農業指導を続け
た。磯の教え子である徐慶鐘、黄栄華、詹
丁枝、陳烱崧等は、戦後の台湾農業になく
てはならない人材として活躍し、台湾農業
に大きく寄与した。

　1954（昭和29）年には「Rice and crops
in rotation in subtoropical zone」を英文で

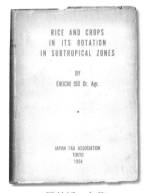

磯教授の名著

発表、台湾だけでなく東南アジアの米作り
に大きな影響を与えると共に、高い評価を
受け学士院賞をうけた。

帰国した磯夫妻

1957（昭和32）年8月29日台湾からの
CAT機が岩国飛行場に着陸し、一人の老農
学者がタラップから降り立った。71歳の磯
永吉である。1912（明治45）年に渡台し
て46年が経過していた。

帰国に際し蒋介石総統は日本の文化勲
章に当たる「特種領綬景星勲章」と一時
金5千ドルを贈り、台湾省議会も生涯年金として「蓬莱米」20俵、
1200kgを毎年贈り続ける決定を行い実施した。台湾農業に多大な貢献
をしたことに対する感謝の表明であった。帰国後も日本各地で農業指導

現在も台湾大学に保存されている磯小屋

を実施し、後輩の育成にも尽力した。

　1961（昭和36）年5月には日本学士院賞を受賞、1966（昭和41）年には勲二等旭日章を受けた。「米という字は八十八と書く、88歳までは生きるのだ」が口癖だったが、翌年入院し1972（昭和47）年1月21日85歳で亡くなった。米寿にあと3年足りなかった。世界はその死を悼んだ。

屏東平原を潤した日本人
鳥居信平

　台湾南西部の雄都、高雄市の南東に屏風のように横たわる半屏山がある。この山の東に屏東市が広がる。かつてこの街は阿猴といわれ歴史的には鄭成功が台湾を支配していた時代まで遡る。1895（明治28）年に日本領になって以降、度々行政区分が変更されたが、1920（大正9）年9月に「台湾州制」律令第三号により、行政区の廃庁置州が行われ、これまでの12庁から5州2庁に変更された。この時、高雄州管轄となり地名も阿猴から屏東に変更され、1933（昭和8）年には屏東郡は屏東市に昇格した歴史がある。現在の人口は20万人余りであるが、田園風景が広がる街である。日本統治時代の大正期には「台湾製糖株式会社」の本社と「陸軍第八飛行連隊」の駐屯地があったため、多くの日本人が住みつき、賑わっていた。現在でもサトウキビを運搬した台湾製糖時代に走っていた軽便鉄道のレールが所々で見られ、かつての繁栄を偲ぶことができる。

　台湾を領有した頃の日本は、砂糖消費量の98％を輸入に頼っていた。そこで第4代台湾総督児玉源太郎と後藤新平民政長官は、台湾植民政策の中心を産業振興に置き、その中心に糖業奨励を推進することにして、台湾に新式製糖会社を設立することを企画した。後藤民政長官の依頼を受けた三井物産は、多額の補助金を付けるという申し出を受け、1900（明治33）年12月に株主数95名、資本金100万円で「台湾製糖株式会社」を設立した。さらに、後藤は製糖業の近代化のため、翌年三顧の礼でア

メリカから農学博士の新渡戸稲造を迎えた。新渡戸は台湾へ赴任する途中、パリ万国博覧会へ出かけたのを機に、欧米諸国およびその他の植民地の製糖設備を調査し、台湾に渡った。着任すると直ちに台湾全島を視察して廻り、サトウキビの品種改良、栽培法、製造法などの意見書である「糖業改良意見書」を提出した。総督府はこの提案を受け入れ実施した。台湾製糖の設立や新渡戸の招聘を見ても、いかに糖業の振興を急いでいたかが分かる。多額の補助金を得た台湾製糖は、台南県橋仔頭庄（後の高雄州橋子頭）に台湾最初の新式機械製糖工場を建設し、1902（明治35）年1月操業を開始した。ところが、藍水港製糖会社、明治製糖会社など次々と製糖会社が設立したことや自然災害により、原材料のサトウキビの供給が追いつかなくなってきた。そこで台湾製糖では総督府から払い下げてもらった林辺渓の周りの広大な土地を開墾しサトウキビ栽培の自社農場を造ることを考えた。しかし、開墾予定地は小石混じりの固い土壌で、耕作可能な状態ではなかった。さらに大武山の麓には急勾配の林辺渓が流れていたが、雨期にはわずか半年で2500mmもの降雨。田畑が水に浸かるかと思えば、乾期には一滴の雨も降らず干魃が襲い、飲料水にも苦労する土地であった。台湾製糖は、サトウキビ増産のために土壌の改良、灌漑と排水システムの構築ができる水利技師を必要としていた。当時専務だった山本悌二郎は、親交のあった上野英三郎博士に相談を持ちかけた。上野博士は東京帝大農科大学の教授と農務省の技師を兼務しており、台湾における殖産事業や水利事業について総督府に提言をしていた。台湾製糖の要望を満たす人物として、教え子であった鳥居信平を推薦したのである。

　鳥居信平は1883（明治16）年1月4日静岡県周智郡上山梨村（現在の袋井市）の農家の三男として生まれた。県立静岡中学校を卒業すると、金沢の第四高等学校に入学、卒業後は東京帝大農科大学に入学し、ここで上野教授から農業土木について学んでいた。卒業後は農務省農務局に

就職、途中清国山西省農林学堂教授を務め、帰国後は徳島県の技師となっていた。上野博士から話が持ち込まれたのは結婚して間もない時で、妻の実家からは台湾行きを強く反対されていたが、信平はそれらの反対を振り切って新妻のまさと徳島の技術者を伴って大正3年に渡台した。信平31歳の時である。台湾製糖株式会社農事部水利課長に迎えられた信平は、屏東の社宅に腰を落ち着けると、直ちに行動に移した。屏東平原の東端の荒れ地約2200ヘクタールを開拓して、サトウキビ農場にすることが、信平に与えられた任務であった。台湾製糖の職員とともに、農場開設予定地の下見に出かけた。岩だらけのデコボコ道を車で行くと、原住民が珍しそうにじっと見ている。一行は、見渡す限り大小の石ころで埋まる農場開設予定地に到着した。案内する農事部の社員が言った。

「乾期は、地下を2メートル掘っても一滴の水すら出てきません。3月になると干ばつが襲い、飲み水にも苦労します。ところが5月から雨期が始まると、こんどは洪水が田畑を襲い水に浸かってしまいます」

信平はしゃがみこむと、土壌を調べた。信平はため息をつきながらつぶやいた。

「これほどの荒蕪地は、内地でも清国でも見たことがない…」

コンクリート状になった地層に、大小無数の石がぎっしりと埋まっていたからである。信平はこれまで身につけてきた知識や経験で対応できるか、不安な気持ちを抑えながら現場を後にした。

信平は妻と5月に生まれた長女のいる社宅を後にして、劣悪な環境の中で毎日調査に出かけた。灌漑用の水源探しの調査である。雨量測定と土壌、作物の用水量の科学的な調査を続けた。調査は早朝の涼しい時間帯から始めた。採用した原住民族の青年を先頭に重いリュックを背負い、3000m級の山に向かい林辺渓をさかのぼる日々が続いた。「ゲートルをしっかり巻け、氷砂糖を忘れるな、キニーネを飲め」と出発前に必ず信平は部下たちに念を押した。毒を持つ百歩蛇や緑蛇が這い回り、風土病

が猛威を振るっている地域での調査である。その上に、日中には気温が35度にもなるため、体力の消耗が激しかった。命の綱は、キニーネと氷砂糖だけであった。疲れて帰ってくると、データをまとめる日々が続いた。忍耐強い調査を2年あまり続けた結果、林辺渓の集水区域は、年間降水量が多いにもかかわらず、1kmあたり6mの落差があり勾配が強く土壌成分の関係で保水力が弱いことがわかった。勾配落差の甚だしい地域に地上ダムを建設することは工事費の面からも土砂の堆積量からも得策ではなかった。効率良く水源を確保するには、どうしたらよいのか？　信平はデータを眺めてはため息をついた。

　調査を始めて4年、1918（大正7）年に東南アジアの水利施設等の視察に行くことになった。仏領インドシナ、英領ビルマ、オランダ領インドネシアの水利施設や水利行政それにサトウキビ栽培の現状をつぶさに見聞きし、大きな収穫を得て帰台した。5月に生まれた長男に鉄也と名付けると、さらに詳しい調査を行った。ある日、調査データを見ていた信平は、乾期に林辺渓が干上がっても川床の下を伏流水が途切れずに流れ、屏東平野の海抜15mの地点で湧き水となって出ていることに気がついた。信平は声を出して叫んだ。

　「そうだ、この伏流水を利用すればきっとうまくいく」

　信平のふるさと袋井には北から南へ太田川が流れ、昔から湧き水の豊かな水郷として知られている。信平少年も生家があった山梨町で伏流水が湧き水となって、田畑を潤す光景を見て育ったはずである。

　信平は伏流水を水源にすることを思いつくと、その伏流水をどこで堰き止めるのが最も良いのか？　地下ダムの設置場所の調査を始めなくてはいけなかった。地上ダムなら、ダムの設置場所を視認できるが、地下ダムは見えないところに構築するため、場所の選定が難しいのである。

　地下ダムを造るためには、第一に豊富な上層伏流水が流れていること、第二に止水堰構築の周りが不透水地層となっていること、第三に止水堰

構築場所が地盤沈下しない堅牢な地盤が存在すること、さらに理想なのは構築場所が袋状に狭くなっていることであった。この条件を満たす場所の調査を開始した。林辺渓を徹底的に調査した結果、最終的にンティ社渓とライ社渓とが合流する一帯が最適であることを突き止めた。次の課題は、林辺渓の河床をどれくらいの深さまで掘って止水堰を構築すれば伏流水を安定的に確保できるかということであった。この課題もデータから、地下7.27mの深さが良いとの結論に達した。すべての調査を終えた信平は、地下ダム工事基本計画書の作成に取りかかった。翌年の1919（大正8）年に「萬隆農場土地改良計画書」を書き上げた信平は、新築移転したばかりの総督府に提出した。この年はまた八田與一技師による「嘉南大圳新設事業」が国会に提出され、通過した年でもあった。信平の計画書を目にした総督府土木局の技師たちは、川床に止水堰を構築して灌漑するという工法に驚いた。なぜなら八田與一技師設計のセミハイドロリック工法による烏山頭ダム同様、まだ日本では地下ダムは造られたことがなかったからである。この地下ダムによる灌漑計画は、実に画期的な環境に優しい工法であった。一般にダムといえば、地上ダムを指すが、地上ダムは構築場所を容易に設定できる利点がある一方、欠点も多い。第一土木工事の規模が大きく工事費が莫大で工期も長い。さらに土砂が堆積し貯水量が年々減少していく。その上、貯水がよどみバクテリアが繁殖しそのままでは飲料水として利用できないうえ太陽熱による蒸発量も大きい。しかし、地下ダムにはこの欠点がない。第一に土木工事の規模が小さく工事費が安く、工期も短い。さらに、地下水は途中の土砂を通る過程で濾過されるので、大量の澄んだ水ができそのまま飲料水に使える。その上、地下に埋められているため蒸発せず、底部に土砂が溜まることもなく、維持管理にも手間がかからない。動力もいらず、環境破壊もない。従って、住民たちの狩り場や漁場としている清流をそのまま保つことができるので、生態系にも影響が少ない。まさに良

いことづくめのエコなダムなのである。

　地下ダムの欠点と言えば、止水堰の構築場所を決めにくいことと貯水量が地上ダムほど多くないことくらいである。

　信平は基本計画書を提出すると時を同じくしてパイワン族やルカイ族の村落を回って、頭目に計画を説い

パイワン族の頭目夫妻

て回った。時には勧められるままに頭目の家で酒も飲んだ。信平は彼らの狩り場や漁場に配慮して自然を壊すことなく工事をすると約束もした。親しくなった頭目とは義兄弟の契りまで結んだ。信平は彼らの伝統文化のすばらしさや、彼らが義理人情に厚く、勇敢で純真な人々であることに気づいていた。その上、台湾語や原住民の言葉も身につけた。ある頭目から「おまえは立派な顔をしているので首を家に飾りたい」と申し入れがあった時、信平は「今はだめだ、この仕事が終わってからにしてくれ」と言ったという逸話が残っている。また「鉄也の親父には原住民族の嫁がいる」と陰口をたたかれたと鉄也氏は後日語っている。信平は誤解されるくらいに原住民族、特にパイワン族と信頼関係を築くことに熱心であった。

　1920（大正9）年に入ると台湾製糖の本社が高雄州橋子頭から屏東街帰来873番地に移転し、東京支社も麹町に設置された。さらに荒蕪地2000ヘクタールの開墾も正式に決定した。

　1921（大正10）年6月15日には、高雄州の知事や警察関係者、原住民の頭目らを招き、盛大に起工式を行った。工事は止水堰の構築と農地にすべき荒蕪地の開墾であった。1月に次女の峰子が生まれたが、家族を屏東の社宅から高雄に転居させ、自分は工事現場に仮設住宅を建て

鳥居信平一家の正月写真

単身で赴任することにした。止水堰の設置工事は、雨期にはできない。川の水が干上がり川底に水がなくなる時期を待って「開削工法」によって11月に開始された。干上がった川床を深さ7.27mまで掘り起こし、堅牢な地盤の上に高さ2.12m、幅3.94m、長さ327mのL字型の止水堰を埋設する工事である。工事はこれだけでなく伏流水を大量に集めるためのU字型集水暗渠を上流の川底を開削し445m設置する工事も行った。さらに、止水堰で集められた大量の伏流水は、川岸に造られた大きなマンホール状の貯水槽に貯水。ここから半円形の土管を使って全長17.7kmの導水路を開削設置し、第一分水口からさらに暗渠を3方向に伸ばし総延長57kmの支線、分線を通って128km²の扇状地状の農地に農業用水が行き渡るようにした。止水堰と貯水槽の途中には伏流水量を視認できるように点検用マンホールも設置した。1922（大正11）年6月には、各水路への通水テストが実施され成功を収めた。また、東京で開催された「平和記念東京博覧会」において台湾製糖の土地改良事業が認

められ、金杯を受賞するという
うれしい知らせも届いた。一方、
農地作りの工事は想像以上に困
難を極めた。この一帯の土は大
小無数の石が砂状の土とくっつ
いて、非常に固く人力や牛の力
では開墾できない。そこで、ま
ず灌木やツルを焼き払った。巨
大な石はダイナマイトで粉砕し、

鳥居が構築した地下ダムの模式図

地表に出ている岩や石を人海戦術で取り除く。除石作業が終わると大馬
力の深耕用スチームプラウを使って2m以上も掘り起こし、そのたび
に手作業で石を取り除く。石を掘り出すのは男の仕事でそれを女が大き
なザルに入れ、頭の上にのせて捨てに行く。人海戦術の結果、工事、開
墾に関わった延べ人数は14万人にも達した。この工事には、信頼関係
を構築していたパイワン族の協力が大きかった。特に原住民の若者たち
は、山から下りてきて、5日働いては、2日山に戻るという日程で働いた。
工事が終わる頃になると、原住民の生活は驚くほど変わった。灌漑用水
が用水路に行き渡るようになると、水路に沿った農地に移動して耕作を

台湾製糖屏東工場

する者が現れた。また収入の多
い米作りを始める者もいた。工
事の賃金が貨幣で支払われたた
め、従来の物々交換ではなく貨
幣が使われるようになった。獲
物が捕れなくても、豚肉や野菜
を購入できるし、釘、針、農具、
ナイフ、布などが人気の商品と
して良く買われた。郵便貯金に

励む原住民も現れて、近代的な経済観念が広まっていった。1923（大正12）年５月には、すべての工事が完了し竣工式が行われた。澄み切った大量の灌漑用水が開墾された農場と周辺農地を潤す姿に人々は歓声を上げた。完成した地下ダムには台湾製糖の山本悌二郎社長の雅号「二峰」から「二峰圳（にほうしゅう）」と命名され、農地は「萬隆農場」と名付けられた。総工事費用は約65万1500円であった。やがて「台湾製糖屏東工場」が新設され、「萬隆農場」で育ったサトウキビが原料として利用された。以後、二峰圳は雨期には25万トン、乾期でも７万トンの農業用水を供給し続け、屏東平原の農業に多大な貢献をした。「二峰圳」の工事を終えた信平は、４ヶ月後の９月に入ると新たな工事に取りかかった。力力渓の伏流水に目を付け翌年の５月には導水路を完成させた。1926（大正15）年には灌漑用水路を開墾地まで導入し新たに１万7000ヘクタールの農地を生み出し「大響営農場」を開設する。その功績で1930（昭和５）年には、台湾製糖の取締役に就任した。

さらに昭和11年には論文「伏流水に依る荒蕪地開拓」で日本農学賞を受賞した。農業土木関係者では初の受賞であった。翌年常務兼研究部長に就任するも、眼病を患い55歳で会社を退職し帰京した。30年ぶりに帰京した信平は、1940（昭和15）年には特別参与として東京支社長に就任し、翌年には「農地開発営団」の副理事長にも就任、各地の干拓事業に携わる。やがて戦争が勃発、昭和20年には東京の自宅が空襲によって全焼、戦後は「農地開発営団」で野辺山開拓村の開設に携わっている

鳥居信平の胸像

途中脳溢血で倒れ、翌日に死亡した。享年 63 であった。鳥居信平が造った地下ダム「二峰圳」は、100 年近く経った今日でも、一日あたり雨期なら約 12 万トン、乾期でも約 3 万トンの農業用水を供給し続け、屏東平原を潤し地域住民の生活を支えている。屏東の住民は「二峰圳は南部台湾の宝」だと語り、鳥居信平への感謝の気持ちを忘れることはない。

宜蘭県蘇澳港の発展に貢献した漁業移民

　愛媛県西宇和郡には 1954（昭和 29）年まで二木生村が存在していた。二木生村はもともと宇和島藩だったが、明暦 3 年に宇和島藩が分家をつくった際に二及、周木、垣生が吉田藩領に組み込まれた。やがて、明治になると地名か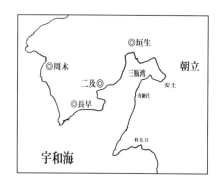ら一字ずつ取り二木生村が誕生した。昭和 23 年になって二及から長早が分かれ周木・長早・二及・垣生の 4 つの大字が誕生した。その後、昭和 30 年の合併により三瓶町に組み込まれ、さらに平成の合併により現在は西予市三瓶町になっている。

　三瓶町の南西部は宇和海に接続し、リアス式海岸を形成している。南は奥深く切り込んで三瓶湾を形成し、山が海まで迫っていて平地は少ない。そのため「耕して天に到る」といわれる段々畑を耕す過酷な農作業によって麦や芋を栽培するか蚕を育てて生計を立てるしか道のない貧しい寒村であった。

　家督は長男が継ぐことが多く次男や 3 男は出稼ぎに行くか、漁で稼ぐしか生きる道がないのである。

　「分限者には嫁が来るが、貧乏人には嫁も来ず」といわれるとおり金持ちには金持ちから嫁が来て金持ち同士の親戚関係が生まれる状況が二木生村では常態化していた。

　従って、昔から農業より漁業が盛んで打瀬船を操って玄界灘や朝鮮半島まで出かける漁船もあった。

　1865（慶応元）年、長早に住む濱田源太郎とサヨに男子が生まれた。

名前を愛太郎といった。父
親の源太郎は土地の有力者
濱田庄七を祖に持つ。濱田
家は農業を行う傍ら酒や蝋
の商いによって財力があり、
屋号を「濱屋」といった。「濱
屋」は代々「庄七」を名乗
り３代まで吉田藩から扶持

風まかせの打瀬船

米を受領し、苗字帯刀を許された家柄でもあった。

　愛太郎は「濱田屋」の本家である濱田正寿とカネの長女トラと結婚し
た。愛太郎は岳父濱田正壽の援助で「打瀬船」を手に入れ漁を行っていた。

　1898（明治31）年西宇和郡川之石（現八幡浜市川之石）の漁師が、
大分県佐賀関の漁師から突き棒漁の情報を入手、対馬の厳原を基地に操
業を始めた。これが愛媛県の漁師にもたらされた突き棒漁の最初であっ
た。

　日本の伝統漁法、突き棒漁が始まった時期は、江戸初期に房総沖で行
われていた捕鯨から発展した「あてんぼう漁」が起源でないかと言われ
ているが、定かでない。やがて、明治になると大分県臼杵の漁師が小さ
な櫓漕ぎ船に帆を張って、夏場に回遊してくる豊後水道のカジキを突き
棒で獲るようになる。その内に佐賀関の仲谷太郎吉が朝鮮沖に漁場を発
見し、遠洋漁業を行うようになった。明治17年になると、臼杵の坂井
五三郎も朝鮮沖でフカの延縄漁を成功させた。その結果佐賀関、臼杵、
保戸島の漁師が朝鮮沖に大挙して繰り出しフカ漁や、イカ漁を行ってい
た。この漁を行っている最中にカジキの大群を発見。この発見により朝
鮮沖での本格的な突き棒漁が行われることになった。

　明治34年頃になると、延べ300～400隻もの突き棒船が大分県か
ら朝鮮沖に出漁するほど盛んになり、突き棒漁の道具も次第に合理的に

簡素化され発展していく。

　1902（明治35）年37歳の愛太郎は、5人乗りの打瀬船「住吉丸」を使って長崎県対馬の厳原を基地に漁をしていた。この時、大分県臼杵の漁師が行っているカジキの突き棒漁を知り、乗組員の濱田正秀、松本為造、濱田亀介、山本與平と共に突き棒漁を習得した。これが二木生村に突き棒漁がもたらされた最初である。二木生村に帰港し、突き棒漁が有益なことを知らせたところ、「龍喜丸」の仲川磯五郎も一緒に出漁するようになった。やがて二木生村で突き棒漁が盛んになると、カジキの突き棒漁を「羽魚突」と書いて「ハイオ」漁と言うようになる。この頃、台湾では児玉源太郎総督に代わって、新しい総督が赴任してきた。1906明（治30）年4月に第5代佐久間左馬太総督が着任したのである。

　佐久間総督はこれまで歴代総督が解決できなかった高地原住民を帰順させること、特に最後まで抵抗したタロコ族の討伐と移民政策に力を入れた。

　1908（明治41）年台湾総督府は佐久間総督の意向を受けて移民事務委員会を設置し、調査を開始した。その結果、農業移民と漁業移民を実施することにして、農業移民については殖産局林務課が漁業移民については水産掛が担当した。まず漁業移民の実施計画が、同じ年に立案され実施された。

　「台湾沿岸漁業の改良」を目標に第1回官営漁業移民事業（内地人漁業移民奨励事業）を3年計画で開始した。台湾の5庁6港に高知・山口・長崎の専業漁師を移住させ、日本式漁法を教え、台湾人漁師に競争心を喚起させ、漁業の発展を図るという考えであった。しかし、この移住計画は、阿候（屏東）では何とか上手くいったが、他では準備不足と自然災害や風土病により挫折したため、明治45年には、計画を中止にせざるを得なかった。

　大正5年頃になると住吉丸や龍喜丸の漁場が、対馬海域から南の男女

群島や五島列島へ広がり、主に五島列島の玉之浦を根拠地にして「ハイオ」漁を行っていた。

　1921（大正10）年になると千葉の漁師から動力船の情報を入手し、焼き玉エンジンを搭載した15〜25馬力の機械船で効率のよい操業ができるようになった。

　50歳を迎えた愛太郎は、2男4女に恵まれ「ハイオ」漁を続ける日々を送っていた。大正7年5月には母を、11月には父を相次いで亡くす悲劇が、53歳の愛太郎を襲った。気持ちが落ち込んだが、その悲しさを紛らわすかのように突き棒漁に没頭していた。

　ハイオ漁は主に9月から12月の4ヶ月間に集中して行っていたが、大正12年頃になると対馬近海での不漁が続いた。その頃に愛太郎は城辺町（現在の愛南町）久良のサンゴ採取業者である小泉重太郎に出会った。重太郎は「台湾近海には良い漁場がある」と言う。さらに「蘇澳には良い湾があり、ほとんど使われていない」とも言う。重太郎が台湾の漁場に詳しかったのは、早くから台湾に行き、基隆を拠点にサンゴ漁や突き棒漁をしていたからである。台湾でのサンゴ漁は1921（大正10）年5月下旬に高知県幡多郡鵜来島出身の山本秋太郎が、基隆沖に一大珊瑚礁群を発見したことに始まる。これを知った高知県や愛媛県南予のサンゴ漁師が、基隆に自由移民として移住していたのである。

　有望な漁場があると聞かされた愛太郎は、仲間と共に台湾に行ってみることにした。

　1924（大正13）年2月になると「住吉丸」と「良勢丸」2隻で、台湾の玄関港である基隆を目指すことにした。乗組員は大橋亀松、濱口千代吉、宮本健助、菊池亀助、垣田磯吉、大鼻彦右衛門、管　宗重の大人に交じって少年の仲川健一と健助の息子宮本富太郎も乗り込み、総勢10名が2隻に分乗して出航した。愛太郎は59歳になっていた。決して若い漁師とはいえない年齢になっていたが、気力は衰えていなかった。

「住吉丸」と「良勢丸」はトカラ
列島や沖縄を経由しながら25日間
かけて基隆に到着。基隆港はサンゴ
漁や突き棒漁の船で賑わっていた。
ここで燃料や飲料水それに食料を仕
入れた後、台北州宜蘭郡蘇澳庄字
南方澳に向かい、蘇澳湾に入った。
湾の正面には蘇澳の集落が見えてい
た。北には北方澳があり、防波堤の

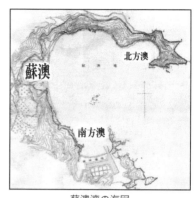
蘇澳湾の海図

ように小高い山々が取り囲んでいて水深深く暴風雨には強かったが、陸
からの交通の便が悪いため、使われているようには見えなかった。これ
に対し南の南方澳には低湿な平地があり、長方形の港が造られていた。
陸路も整備されていたので、この場所に係留した。

　この港は大正11年に宜蘭から蘇澳まで道路が開通するのに併せて、
総督府が1921（大正10）年）5月に起工し、66万2千円0円の費用
と2年の歳月をかけて蘇澳鎮南方澳漁港として1923（大正12）年6月
に完成させた港であった。この工事は浚渫と埋立によって26万ヘクター
ル余りを整備し二つの船溜りを完成させた。ところが、冬期に基隆の漁
師が仮停泊地として利用する程度で、定住する漁師はなく漁港としての
役割を果たしていなかった。
まさに「宝の持ち腐れ」状態
の漁港に、2隻の突き棒船が
やって来たのである。

　錨を使わなくても岸壁に横
付けできる便利な港であるだ
けでなく、競争相手の漁船も
ほとんど見えず漁場が近かっ

総督府が浚渫英して築港した南方澳漁港

た。さらに、この年の冬季には蘇澳湾の沖でカジキの浮揚するのが発見されこともあり、突き棒漁でカジキが大量に獲れ、豊漁が続いた。小泉重太郎の話は、紛れもない本当のことだったのである。

　突き棒漁で獲れた魚は蘇澳や宜蘭で売り、時には基隆港まで出かけることもあった。半年間の突き棒漁で得た金額は、驚いたことに二木生村で稼ぐ金額の数十倍にもなった。

　当時の台湾紙幣は、50銭札以外は台湾銀行が印刷して発券しており、日本内地でも等価交換できる仕組みになっていたので台湾での売り上げ金は、そのまま内地でも使うことができた。

　翌1915（大正14）年5月、住吉丸と良勢丸の漁師は台湾での突き棒漁に将来性を見いだして、無事二木生村に帰港した。台湾での大漁話で地元は沸き返り、台湾への出漁を希望する漁船が続出、最終的には6隻もの出港が決まった。9月に出港し、遅くとも翌年の8月9日に開催される金比羅祭りまでには全船帰港することに決めた。

　大正14年9月上旬に二及沖から出航した6隻の突き棒船は、下旬に南方澳漁港に着くと驚く光景を目にした。

　港の南側に小高い山があり、その麓に20戸ほどの住宅が建築中であった。さらに港の北側では貯氷庫や給水施設それに魚市場等の工事か始まろうとしていたのである。

　蘇澳には東海岸には珍しく風波を凌げる湾があり、沖を北上する黒潮に乗ってカジキ・マグロ・フカ・カツオ・サワラ・ブリそれにタイ・アジ・イワシ・トビウオなどの豊富な魚種が獲れる好漁場であった。しかし、基隆港や高雄港が漁港の中心で南方澳漁港は放置されたままになっていた。

　6隻の突き棒船は、蘇澳沖での半年近い操業を終えた1926（大正15）年4月上旬、予定通りに二木生村へ帰る準備をしていると、驚く話を耳にする。

「家族と定住しない漁船は、南方澳漁港を使っての操業はできなくなる」というのである。さらに「移民の勧誘が今年中に行われ、その移民用の住宅が造られている」ともいう。

　入港時に見た建築中の家は移住者用の住宅だったのだと思い出していた。「移住しないと来年の操業はできない」との情報は皆を動揺させた。蘇澳湾の沖は突き棒漁師にとっては宝の山であった。これまで行ってきた出稼ぎ漁は、禁止されるのである。

　悪い情報だけではなかった。総督府による漁業移民勧誘は、高知県の一次募集に続いて、二次募集が行われ、愛媛県もその対象になっているという情報であった。

　6隻の突き棒船の乗組員全員が集まって、相談した。南方澳に家族共々移住するか、それとも蘇澳での突き棒漁を諦めるか、今年の末には高知県からの移住者がやって来るのではないかというという噂まで耳にしていた。結論は早かった。宝の山を目の前にして、撤退することは考えられなかった。移住するという結論になった。豊漁で得た金を懐に6隻の突き棒船は、8月9日の金比羅祭りに間に合うように帰港した。

　総督府が出稼ぎ漁を禁止にしたのには理由があった。第1回官営漁業移民事業の挫折を経験した総督府は、漁業移民事業を成功させるには、港湾の整備や住居の確保、それに漁船や漁具への補助金支給が必要と判断したのである。そこで総督府は大正15年までに魚市場や貯氷處、給水設備、灯台等を設置し、利便性を向上させ、漁民が家族と共に定住できるためのインフラ工事に取りかかろうとしていたのである。台湾総督府殖産局水産課は港湾や住宅の進捗状況に合わせて、「第2回官営漁業移民事業」及び台東の新港を対象にした「第3回官営漁業移民事業」を立ち上げた。今回は総督府直轄事業でなく、地方庁に補助金を出して実施させることにした。

　蘇澳への漁業移民計画は、2年間で50戸200人近い漁業移民を蘇澳

の南方澳漁港に迎え入れるという計画で、6.5万円余の補助金を付けていた。台北州は総督府の意向を受け事業を開始するにあたって、募集条件を決めて実施することにした。

　一方、二木生村帰港した漁師が蘇澳で耳にした情報は正しかったのである。1926（大正15）年7月には、募集条件を携えて台北州水産課の宮上亀七技師が、漁業移民の勧誘と選考を行うため高知県を訪問した。高知県に的を絞った理由は、三つあった。一つは人口増加による漁村の疲弊。二つ目が移民の渡航費用の補助。三つ目が、高知沖の漁場が蘇澳のそれと似ていたことであった。

　高知県で漁業移民の勧誘が行われている間に、二木生村では移住することを前提に話し合いが持たれた。

　台湾への移住は、次男や3男にとっては渡りに船の話であった。さらに、土地を持たず漁だけで生業をしている家でも同様であった。早々と移住することを決めた家では、移住の準備に取りかかった。家屋敷を売って、渡航準備をする家もあった。

　この年の12月25日に大正天皇が崩御し、元号が昭和に変わった。短い昭和元年だった。1927（昭和2）年9月には第二次漁業移民募集が宮上亀七技師によって行われた。申し込みは「移住願」に本籍、戸主、職業、寄留地、移住者名、生年月日を書いて提出する。二木生村では18戸が移民の申し込みを行った。11月29日には、総督府から移住許可の通知が届いた。

　二木生村から移民するのは、長早から11戸、二及から4戸、周木から2戸の17戸、それに佐田岬の串から1戸を加えて18戸になった。長早からは「西喜丸」の西田勘助「佐田丸」の大鼻彦右衛門「戒丸」の戒井磯次郎「龍喜丸」の仲川磯五郎と仲川源吾「若戒丸」の河野重兵衛「八幡丸」の濱口千代吉、それに「金光丸」の山本宇吉さらに松本清造、松本久松、木下金治も移住することに決めた。濱田愛太郎は年齢のこと

もあり、経済的にも移住する状態にはないため長早に残ることにした。二及からは「金栄丸」の芝多平、菊池亀助、上田佐與吉、土井安太郎。周木からは原田義元、原内虎吉それに串の久保田庄太郎であった。総勢男37人女22人の59人になった。

　一次と二次の募集によって、総督府は当初の計画である50戸200人程度の移民計画を達成できた。

　南方澳漁港は高知県26戸127人次いで愛媛県18戸59人、長崎県4戸23人、鹿児島県1戸4人、大分県1戸2人合計50戸215人の漁民が同じ港を共有して生活することになる。

　移民は直接漁船で蘇澳に向かう者と内台航路を利用して渡台する者に分かれた。海の神様は女性なので、女性が漁船に乗ると海神様に祟られるという言い伝えにならって、女や子供は内台航路を利用しての渡航にした。

　1927（昭和2）年11月20日、蘇澳に出航する漁船が二及湾の浜に勢揃いした。二木生村民総出の見送りになった。62歳の愛太郎も見送りに来ていた。内台航路組の家族も、南方澳での再会を願い見送った。

　8隻の漁船が渡台に使われることになり、航海に必要な備品や日用品を積み込んだ。まず仲川源吾の「龍喜丸」、河野重兵衛の「若戎丸」、濱口千代吉の「八幡丸」それに戎井磯次郎の「戎丸」が出港し、次いで西田勘助の「西喜丸」芝多平の「金栄丸」山本宇吉の「金光丸」それに大鼻彦右衛門の「佐田丸」が続いた。渡航途中に宇和島に寄った船は、南方澳での生活で困らないように日用品や医薬品等を買い込んだ。また別の船は大分の臼杵に寄港し、赤樫製の突き棒を製造している若林で突き棒を大量に仕入れて渡台した。

　漁船に乗らない者は、内台航路の定期船で渡台することにした。当時の内台航路は神戸→門司→基隆を8〜9千トンクラスの客船が3泊4日で航海していた。門司に行けば2泊3日の航海である。内台航路組は九

州に渡り門司で大和丸に乗船して12月10日の朝には基隆に到着した。初めて見る台湾の街であった。基隆からは汽車に乗って大正8年に開業した蘇澳駅に到着し、蘇澳からはバスに乗り10分もすると南方澳に着いた。南方澳では先に漁船で来ていた皆に出迎えられ、無事の再会を喜び合った。早速、台北州によって用意されていた移民用の宿舎に入居し、旅の疲れを癒やした。

　移民用宿舎は、募集時に聞かされていたとおりの1棟2戸建10坪の長屋風であった。家に入ると東側の廊下に接して押し入れ付きの8畳間が2部屋と4畳半の部屋が2部屋あり、思っていたより造作が良かった。安心したのか皆旅の疲れがどっと押し寄せるな

用意された移民用住宅

かで眠った。こうして移住第一日目が終わった。

　高知県の出身地は幡多郡清水町に次いで宇佐町が多かった。一方愛媛県ではすでに蘇澳での漁を経験している二木生村の漁師だけであった。

　南方澳漁港にはカツオ船2隻、カジキ突棒船9隻、それに延縄船7隻、曳縄船14隻で台北州からの貸与船は4隻で27隻は内地から乗ってきた持ち船であった。

　所帯数・家族数が最多の高知県人は主にマグロ・サワラ・カツオ・サバ等を狙う延縄漁や曳縄漁、一本釣り漁法が中心であった。それに対し愛媛県人はカジキだけを狙う突き棒漁専業であった。従って高知県と愛媛県の漁師は、生活と港は共有していたが漁法が異なり対象魚も違うことから、競合することもなく助け合って生活した。

　中には結婚する者もあらわれている。西田勘助の長男、孝之は高知県

昭和 10 年頃の開発された南方澳漁港

　人の好尾を見初め結婚している。今日でも、三瓶には高知県から嫁いで
きたという家が何軒かあるのは、南方澳での縁によるものと推察される。
移住した大半の者は持ち船の突き棒船を操って、カジキ漁を行った。し
かし、中には長早の山本宇吉のように漁船を運用する傍ら、酒屋を開き
繁盛させ、また雑貨屋を行う者もいた。南方澳漁港は長方形に整備され
ていて、一番奥には大きな楠が植えられており、その西には相撲場が造
られていた。港の北側には魚市場や貯氷所や警察の派出所があり、その
北の海岸は海水浴場になっていた。移民した日本人の住宅は、南側の岸
壁から南に伸びた道路に接続した小山の麓に造られていた。住宅の裏山
を越えたところには、「裏南方」と呼ばれ沖縄人や台湾人が混住していた。
　　二木生村の漁師は、台湾で旗漁と呼ばれるカジキの突き棒漁を主な生
業とした。カジキには主にマカジキ、メカジキ、サンマカジキに分類さ
れる。この他にはマカジキ科の黒皮カジキ、白皮カジキ、バショウカジ

162

キがいる。カジキは暖流に分布し最も大きいカジキはメカジキで体長は1.5〜3.5m、重さ50〜250kgにもなる。小さいサンマカジキでも1〜1.5m、15〜40kgもある。味が良いのは白皮カジキとメカジキである。マカジキは

突き棒漁に使う船

2〜3m／秒の風が吹くときに水面に出てくるが、凪では出てこない。メカジキは逆に凪の時に出てくるという習性がある。その習性を知って行うのが突き棒漁法である。この漁法は海面近くに浮揚して泳ぐカジキに、後から接近、ロープの付いた18尺（5.4m）の赤樫製の突き棒を投げ、突き立てて捕獲する漁である。突き棒の先には30cmほどの三つ叉の台銛が付いていて、この銛に14番線ワイヤーの付いたツバクロと呼ばれる矢尻が付いている。カジキに突き刺さると矢尻が外れて食い込み外れない仕掛けになっている。

　一匹だけだとその場で引き揚げ作業を行うが、群れに出会うと突いたカジキを引き揚げる暇がない。そこで旗竿付きの樽を付けて投げ入れ、あとで回収に行くことにしていた。多いときには10個ほどの樽が必要な時もあり、後で収容しに行くとサメの被害を受けていることもあった。また他の漁師に収容されていることもあった。その場合は、獲物は半分に分け合うのが慣わしであった。

　南方澳漁港の沖に向け1時間ほど走ると黒潮の流れる漁場に着く。突き棒船の中央には櫓が組まれていて、ここで見張りと操船を行う。船が揺れる中で船首に突き出た海面から4mの突き台で突き棒を構えてカジキが浮揚するのをじっと待つことになる。

　突き台には突き役の3人と通称二番と呼ばれる操縦席に操船を伝える

係の４人が立つことになっていた。突き役の３人のうちオモカジと呼ばれる船頭が中央に、トリカジと呼ばれる二番手が左に、見習いの三番モリと呼ばれる突き役は右に陣取ることになっていた。

　２〜３ｍも上下する船上の突き台に立って、転落防止用のベルトに足をかけ、重い突き棒を持っての作業は、重労働であった。勝負は目の良さと腕前だけであった。

　漁獲高は突き役の特技わざによって決まった。一人前に突き棒を操るには数年の経験が必要であり、命がけの漁であった。しかし、魚影が濃く出漁するたびに大漁が続いた。疲れも吹っ飛ぶほど獲れた。突き棒漁は、他の漁法と違って漁具が簡単である。釣り道具も餌も網も必要としないため経費が余りかからない。さらに原始的で豪快な漁であるため一度経験すると病み付きになる。しかも、出漁時期や時間も漁師の裁量次第であった。

　移民して半年もしないうちに、突き棒船は黄金期を迎えた。カジキの突き棒漁は１０月〜４月の漁繁期の半年だけ行い、夏場の漁閑期には旗魚漁は行わない。「半年で１年分を稼ぐカジキ漁」と他の漁師から羨ましがられることもあった。当時発行されていた「漁港便り蘇澳南方澳」によると「旗魚突き棒の成績良好で、殊に移民の成績は優秀であった」と記載され、各漁船の売上高を見ると、第一龍喜丸 12,000 円、磯戎丸 111,000 円、大洋丸 8,000 円、若戎丸 11,000 円、第三龍喜丸 11,000円、金光丸 7,000 円と驚異的な数字が並んでいる。当時の大卒公務員の初任

突き棒漁（ハイオ漁）

給は75円である。単純に換算すると当時の1円は現在の2900円ぐらいだろうか？　だとすると、第一龍喜丸は半年で3,500万円近くを稼いだことになる。少ない金光丸でも2,000万円を超える金額である。

　さらに「此の好況に刺激され此の秋の漁業に備えるために通漁船を新造しつつあり」と書き、第4龍喜丸（90馬力）船主仲川源吾、第2金光丸（50馬力）船主山本宇吉、第2幸丸（30馬力）船主中村與勢松による新造船の計画を紹介している。突き棒船の平均馬力が50馬力程度であるのに対し、仲川源吾は90馬力の突き棒船を新造し、台東沖から台湾最南端のガランピ岬沖、さらには高雄港を根拠地にして台湾海峡の膨湖島沖まで漁場を拡大すると豪語している。このこと一つを取ってみても、いかに突き棒漁による収入が大きかったかが分かる。南方澳漁港で水揚げされる漁獲高の順位は、毎年白カジキ、マグロ、マカジキの順位であった。従って、突き棒漁を行う二木生村の漁師は、漁獲量で常に上位であった。

　突き棒漁は半年間が勝負で、夏場の漁閑期になると突き棒漁はしない。そのため基隆の漁船に出稼ぎに行く者や二木生村に帰って農作業をする者もいた。また、一本釣りカツオ船が必要とする撒き餌の鰯を獲る者もいた。二木生村に一帰郷する船には、内地では珍しい台湾バナナが積み込まれ、帰るたびに喜ばれた。

　獲れたカジキの55％は台湾用に、45％は内地に送ることに魚市場が決めていた。内地用は頭と尾を切り落とし内臓を取り出した後氷詰めにして、こも薦で巻き基隆に送る。ここでさらに氷詰めにして内台航路で送ると下関や神戸で陸揚げされ関西方面で高値が付いた。また、腸は塩付けにして保存し、砂糖と醤油で煮付けるとコリコリして美味しかったと当時を知る人は懐かしがる。

　突き棒漁だけを生業とする二木生村の漁師は、他県の漁師より収入が多く、新たに土地を購入、立派な家を建て豊かな生活する漁師が多かっ

た。経済的にも豊かになり、生活にゆとりが
できたため、昭和 3 年にはハイオ漁への感謝
を形にして残すことにした。寄付金が集めら
れ、て「羽魚突紀年碑」を制作、ハイオ漁の
先駆者である濱田愛太郎の家の前に設置した。

ハイオ漁記念碑

　子供たちは蘇澳の尋常小学校に 2.7km の道
を 30 〜 40 分かけて歩いて通った。帰ってく
ると海水浴場が遊び場だった。高知・愛媛・
長崎等の子供たちが、お国訛りでしゃべった。
1 学級 40 人ほどが 2 人用机に座って勉強した
り、運動したりするのである。仲良くならな
いはずはなかった。戦後に引き揚げた後、蘇
澳尋常小学校の在籍者によって昭和 57 年に
「蘇澳会」が組織され、それ以降毎年場所を変
えては蘇澳会を開催、会報誌まで出す活動を
続けて旧交を温めている。

　昭和 9 年発行の「台湾鉄道旅行案内」によると、「蘇澳は宜蘭への物
資の呑吐港であり花蓮港との連絡港として重要にして、沿岸は水産豊か、
山地は雲母、大理石、スレートを産す」と説明している。さらに、主な
建物は郡役所、税関監視所、台湾清脳出張所、炭酸ガス会社、蘇澳水産
会社などが、また駅の近くには近江屋旅館や壽旅館もあり、人口は 1.4
万人（日本人 1224 人）であるとも説明している。蘇澳は白米川にかか
る木造の白米橋から伸びる本通りを中心に開けていて、日本人の子弟が
通う尋常小学校の他に市場や警察署それに郵便局が設置され、南方澳か
ら蘇澳へは、東海バスが 10 銭の運賃と所要時間 10 分で運行していた。
花蓮港までは清水断崖に造られた臨海道路を 3 円の運賃と所要時間 5 時
間で走っていた。また船で花蓮港にも行くこともできた。航路の運賃は

３等で２円50銭と艀代が50銭で
合わせると３円になり、バスと同
じ料金だった。

　蘇澳には他にはない娯楽施設が
あった。天然炭酸泉公共浴場であ
る。炭酸ガスを含んだ水が湧出す
るため、冷水の公共浴場や炭酸水
製造工場ができ、疲れを癒す場所
として賑わっていた。

蘇澳の白米橋

　南方澳での漁獲は、高収入と豊かな生活を保障していたので二木生村
では考えられない贅沢な生活ができていた。南方澳に青年訓練所が造ら
れると、若者の定着率も良くなり華やかになっていった。お金さえ出せ
ば、欲しいものはいくらでも手に入った。海水浴場の近くには雑貨屋や
かき氷店が並び、学校帰りの子供たちで賑わっていた。冬季の漁繁期に
なると、他の漁港から漁船が大挙してやって来て人口が増え、３軒あっ
た料亭は、毎夜満席になる賑わいだった。大漁が続くと、乗子と呼ばれ
る従業員を引き連れて台北にまで行って散財する船主もいた。

　昭和６年末の調査では、南方澳には、漁師ばかりでなく台湾人や沖縄
人も住んでいて308戸1164人に膨れ上がった。居住地は３ヶ所に分
かれていた。南方澳漁港の周りは日本人だけが住み賑わっていた。南の
小山を超えた「裏南方」には沖縄人と台湾人が混住して住み、雑貨屋や
料亭もあった。北の北方澳には台湾人だけが住んでいた。人種では日本
人642人、台湾人401人、朝鮮人７人や原住民族などで基隆に次ぐ漁
業の街に成長していた。

　しかし、悲しい出来事もあった。22歳で移住してきた上田佐與吉が
しけの日に泳いで上陸しようとして波にさらわれ、29歳の若さで死亡
したのである。

昭和 10 年代に入ると、移住時に乗ってきた船に代わって豊富な資金で 40 〜 50 馬力の新造船が次々と建造され、169 隻もの大型漁船が南方澳漁港に舫われるようになった。

二木生村の突き棒漁師

　船主の代替わりもあった。仲川磯五郎は息子の源吾に、戎井磯次郎は弟の満にという具合である。引退した船主は、余生を故郷で送るため儲けた金を持って二木生村に帰っていく者もいた。

　その結果、移住時には 17 戸 56 人だった人数が、1939（昭和 14）年には 10 戸 36 人にまで減少した。

　時代が変わっても乗組員は身内や親戚の者がなるのが通常だったが、人手が足りなくなってくると台湾人や沖縄人を雇って漁を続けた。

　ただ怖いのは、出漁中の事故と不漁であった。従って出漁する前には全員で、海の神様である蘇澳の金比羅神社に参拝し、航海の安全と大漁を祈願した。漁閑期になると故郷で開催される金比羅祭りに参加するため二木生村へ帰る漁師も多くいた。

　順調に、平穏に、豊かな生活を送っていた 1937(昭和 12) 年 7 月 7 日、盧溝橋事件をきっかけに日中戦争が始まると、これまでの平和な生活が蝕まれていくことになる。軍によって大型船と共に乗組員までもが徴用され、物資の輸送や上陸作戦に参加させられるということが続いた。この頃から、毎月 1 日と 15 日の朝 7 時になると南方澳の婦人会が蘇澳の金比羅神社に集い、皇居遙拝と皇軍の武運長久を祈るようになった。南方澳漁港では徴用されなかった小型船で漁をするしかなかった。しかし、男手が軍に徴用されていたため、老人や子供での細々とした漁をすることしかできなかった。

　台風による被害も大きかった。昭和15年に蘇澳を襲った台風は、強烈で多くの家屋が倒壊し、吹き飛ばされた。蘇澳に建立されていた金比羅神社の神馬が鳥居に打ち付けられるほどの強烈さであったと、当時を知る人は語る。

　昭和16年8月には濱田愛太郎の妻、トラが亡くなった。この時すでに長男の源一郎は中国大陸で戦死していた。さらに4ヶ月後の12月8日太平洋上において米英蘭との戦争が始まった。開戦からまもない昭和17年1月28日、突き棒漁を二木生村に持ち込み、未知の南方澳に出かけ、突き棒漁を定着させた濱田愛太郎は、妻の後を追うようにその生涯を閉じた。戒名「徳巌義性居士」78歳であった。

　南方澳では戦争の激化によって乗組員と燃料の不足が酷くなり、突き棒漁は衰退の一途をたどった。この年の7月には、強烈な台風が蘇澳を直撃し、家屋の倒壊が起きた。この時70歳になっていた芝多平が崩れかけた隣家の子供を助けようとして、下敷きになり死亡した。このことを知った総督府は、その行為に対し長谷川清台湾総督からの感謝状と金一封を贈っている。

芝 多平への表彰状

　1944(昭和19)年になると沖縄の八重山諸島の島々からの子供の疎開が始まり、台湾各地へ疎開して行った。当然、蘇澳にも南方澳にもやって来た。

　この年の10月12日から4日間わたって行われた台湾沖航空戦では、米国空母の艦載機による空襲が台湾の主要都市を襲った。日本軍も反撃にでた。多くの特攻機が台湾から飛び立っていった。蘇澳の高射砲がB29を撃墜した。そのためか蘇澳も南方澳もグラマン機による空襲を受

けた。百人余りの兵士や市民が犠牲になり、死体が魚市場付近に並べられた。そして、昭和20年8月15日の終戦の詔勅により状況が一変した。

　永住する積もりでいたにもかかわらず、日本人の引き上げが強制的に実施されることになったのである。台湾には軍人軍属が16万6000人と一般民間人32万2000人が居た。

　1946（昭和21）年2月15日には、日本人の引き揚げ方針が発表され、その6日後の21日から4月29日に渡って第一次引き揚げが開始された。引き揚げ船が出るのは基隆港、高雄港、花蓮港の3ヶ所と決められていたが、南方澳からヤミ漁船に乗って与那国島に帰り、ここから島伝いに沖縄に引き揚げていった人たちも多かった。二木生村の移住者も例外ではなく、漁船も財産も全て没収され基隆港から引き揚げて行かざるを得なかった。台湾へ移住してきて30年余り、南方澳での生活が水泡に帰したのである。

　漁業移民にとっては、繁栄と挫折の30有余年であった。人が去った後には、没収された漁船や家具付きの家屋それに多くの生活用品が残された。日本人が住んでいた空家や財産を処分する委員会が造られ、割り当てられた台湾人が空き家になった家々に住み始めた。また引き揚げていく日本人によっては、引き揚げる前に使用人だった台湾人や沖縄人に漁船や財産を譲った者もいた。

　漁業移民が南方澳に残した漁船や資産にもまして、台湾人にとって幸運だったのは突き棒漁をはじめとする漁法を教えられていたことであった。

　突き棒漁を引き継いだ台湾人は、日本人が残していった

戦後に造られた台湾人漁師の突き棒船

船を手に入れ、蘇澳沖での漁を行うようになった。さらに、収入が増えると突き棒船を新造し、遠く東シナ海の尖閣諸島付近まで出漁する船まで現れるようになった。

　濱田愛太郎に始まった突き棒漁は、南方澳漁港における二木生村の漁師によって黄金期を迎え、台湾人漁師に伝承されたことによって蘇澳港を台湾三大漁港に育て上げた。

　戦後も三瓶町の漁師で最後まで突き棒漁を行っていた「幸水丸」の垣下堅祐氏も、令和元年に亡くなった。濱田愛太郎によってもたらされた三瓶町での突き棒漁の歴史は、垣下堅祐氏の死によってその幕を閉じたのである。

　今はただ、中川磯五郎と山本宇吉が世話人になり、寄付金によって昭和３年に建立した「羽魚突紀年碑」だけが残るのみである。

　碑文には簡潔に、濱田愛太郎によって羽魚突漁が持ち込まれ、台湾南方澳へ初めて渡台した乗組員名が記録されている。

羽魚突漁業創業者濱田愛太郎生二木生村大字長早濱田源太郎長男自幼従事漁業近来曁企業不振憂漁民困苦腐心救済明治三十五年於対馬近海聞有称羽魚突漁業自為長随乗組員濱田正秀松本為造濱田亀助山本與平出漁誘導同業者大正十三年知台湾同業有望興大橋亀松濱口千代吉随乗組員宮本健助菊池亀助垣田磯吉大鼻彦右衛門菅宗重仲川健一宮本富太郎渡台従事同業到今日挽回疲弊部落安漁民基叢慕基徳茲同業者相謀建設紀念碑傳基功不朽以旌表之矣

長早漁業組合

台湾の近代化と民主化を推進した日本人
明石元二郎

　前期武官総督時代の最後を飾る第7代台湾総督として赴任した明石元二郎は、日露戦争において機密工作によりロシア革命を支援し、日本の勝利に大きく貢献した蔭の立役者として有名である。

　明石元二郎は明石助九郎の次男として1864（元治元）年に福岡藩の大名町で生まれた。陸軍幼年学校を経て、1883（明治16）年陸軍士官学校を卒業し、歩兵少尉に任じられている。陸軍幼年学校時代の明石は、運動が苦手であったが数学と製図は得意であった。協調性がなく単独行動が多く、悪戯をよくしたが、教師や先輩、友人などからは好意を持って見守られたという。このことは陸軍士官学校時代でも変わらず、語学の才能に秀いでたが、整理整頓や身なりについては無頓着で、一つのことに熱中し始めると周りのことを完全に忘れるという性格は終生変わらなかった。

　1889（明治22）年に陸軍大学校を卒業した後、ドイツ留学、仏印出張、米西戦争のマニラ観戦武官を経て、1901（明治34）年にフランス公使館付陸軍武官を経て翌年にはロシア帝国公使館付陸軍武官に転任した。明石は歯磨きをほとんどしなかったと言われているが、語学が得意であり、ドイツ語、

士官学校の明石

172

フランス語、ロシア語、英語は完璧に理解していたという。この語学力を生かしてロシア国内の情報を収集し、ロシアの反政府分子との接触を試みる工作活動を行っている。1904（明治37）年日露戦争が開戦すると駐ロシア公使館は中立国スウェーデンのストックホルムに移り、明石は以後この地を本拠地として活動する。開戦直前の1月、明石は児玉源太郎参謀本部次長から「ペテルブルク、モスクワ、オデッサに非ロシア人の外国人を情報提供者として2名ずつ配置」するよう指令電報を受け、さらに日露開戦と同時に参謀本部直属のヨーロッパ駐在参謀という臨時職に就いている。その上、ストックホルムに移った際にも児玉から、「お前を信じているぞ」という趣旨の激励の電報を受け取っている。日露戦争中全般にわたってロシア国内の政情不安を画策、ロシアの継戦を困難にし、日本の勝利に貢献することを意図した明石の活動を評して、ドイツ皇帝ヴィルヘルム2世も「明石元二郎一人で、満州の日本軍20万人に匹敵する戦果を上げている」と言って称えたという。日露戦争が終わった後の明石元二郎は、1910（明治43）年7月、寺内正毅朝鮮統監の下で憲兵司令官と警務総長を兼務し、1914（大正3）年4月、参謀次長となるが、翌10月熊本の第6師団長に転じている。

　1918（大正7）年7月に第7代台湾総督を拝命する。明石総督が誕生すると、総督府の人事がどう変わるか周囲が注目した。安東貞美前総督は民政長官に下村宏を起用していた。総督が代わると、ナンバー2の民政長官にお気に入りの人物を連れてくるのが通例になっていたからである。明石総督は人事を変えなかった。変える必要がないと考えていた。従って下村民政長官をそのまま民生長官として採用した。「台湾のこ

下村宏民政長官

とを、よく理解している者を変える必要はない」というのが明石総督の考えであった。このことは、台湾の近代化にとってはありがたいことであった。当時、台湾総督府では二つの大きな土木工事計画が持ち上がっていたからである。そして、その事情をよく知っているのは、下村民政長官だったのである。明石総督は台湾へ赴任すると、まもなく各地の巡視を行い民情の把握に努めた。1年4ヶ月という短い在任期間にもかかわらず6回もの現地視察を行ったのは歴代総督の中で明石総督だけであった。台北刑務所を訪問した際には、25歳前後の受刑者が最多であることを聞くと「まことに、相済まぬ」と言ったという。日本による台湾統治後23年を経過していたため、受刑者の多くが日本統治が始まった頃に生まれたことになる。「日本統治にまだまだ到らぬところあり、故に有望な青年が犯罪を冒さざるを得なかった」と考えたのである。いかにすれば台湾人のために善政を行えるか決意を新たにしている。明石総督には絵葉書を蒐集する趣味があった。ところが、その絵葉書を執務室の壁に貼り付けるため、まるで総督の部屋は子供部屋のようだったと部下たちは面白がったが、総督は一向に気にしなかったという。明石総督の在任期間は極めて短いが、その間に取り組んだ事業は多岐にわたる。当時の台湾では近代化に必要な発電用ダムと米の増産を目的とする灌漑用ダムの建設が急務であった。そこで総督府は二つの巨大プロジェクトを計画した。日月潭水力発電所建設計画であり、もう一つが15万ヘクタールの不毛の大地を灌漑する嘉南大圳新設工事計画である。この二つの巨大プロジェクト計画に決断を下し実行に移させたのが明石総督であった。

　まず、日月潭水力発電工事に手を付けた。3千万円の資金で台湾電力株式会社を創設し、高木友枝を社長に迎えた。現地調査の結果、設計を十川嘉太郎が技師長には堀見末子技師がなり、現場での指導・監督を行

うことになっていた。巨大な予算もさることながら、その工事計画も驚く規模であった。台湾最長の河川である濁水渓の海抜1300mの武界に高さ45.5mのコンクリート製重力式の武界ダムを設置し、そこから日月潭まで延長15.1kmの距離を8本のトンネル、3ヶ所の開渠、4ヶ所の暗渠で、毎秒約40トンの水を送る計画である。ダムから送り込まれた水は、北側の太陽（日）の形をした日潭に流れ込む。すると日潭の水位が上昇するため、2ヶ所に土堰堤を築き、湖の水位を約18m上昇させることにした。このため南の三日月の形をした月潭の水位も上昇し、日潭と月潭が完全に繋がり一つの人造湖ができることになる。こうして海抜748m、水深27m、周囲長37km、貯水量1億4000万トンの台湾最大の淡水湖が誕生する。名称も日潭と月潭が一つになったため日月譚と名付けられた。この水は、約3000mの水圧トンネルと約640mにおよぶ5本の水圧鉄管により約330m下の発電所に送るという壮大な工事計画である。

　もう一つの嘉南大圳新設工事は、嘉義と台南に跨がる台湾最大の嘉南平原に1万6000kmの水路を張り巡らし、濁水渓と烏山頭ダムの水によって15万ヘクタールの不毛の大地を穀倉地帯にするという工事計画で若き八田與一技師によって設計施工されることになっていた。

10年を要した烏山頭ダムの放水門

　日月潭水力発電所建設工事が1919（大正8）年8月に開始された。ところが着工から2ヶ月後の10月26日、明石総督が急逝した。しかし、この二つの工事は、引き続き総督府によって推進され嘉南大圳は1930（昭和5）年に竣工、華

南の農民60万の生活を一変させ、不毛の大地を台湾最大の穀倉地帯に変貌させた。

　日月潭発電所は、資金不足により一次中止が決まったが、1929（昭和4）年松木幹一郎を社長に迎えて再開し、1934（昭和9）年に10万kwの発電量を誇る東洋一の水力発電所が完成した。その結果、当時の台湾で「人間が居れば、そこには必ず電気がある」とまで言われるようになる。この発電所の完成により、台湾の工業生産は上がり、台湾全土の台湾人の生活が向上し、今も大きな影響を与え続けている。

　この他にも、縦貫鉄道に海岸線を新設し、道路の整備に力を入れたのも明石総督であった。

　業績は土木工事に限らなかった。台北商業学校の創設にも尽力するとともにこれまでの台湾人には認められていなかった日本内地の学校への進学が認められるように台湾新教育令の布告施行を実施、日本人と台湾人との教育上の区別を少なくし、望みさえすれば誰もが日本内地の学校へ進むことができるようにしたのである。その結果、後に総統となる李登輝青年も京都帝大の農学部に入学することができた。

　明石総督はさらに司法制度にも手を付け、これまで二級審だった制度を三級審制へと改革した。さらに森林保護の促進や華南銀行の設立など経済界にも寄与し短期間で台湾の近代化や民主化に精力的に取り組み、台湾経営に大きな足跡を残した。

　将来の総理大臣という呼び声も高かった明石総督は、1919（大正8）年公務のため本土へ渡航中に洋上で発病し、故郷である福岡で「もし

現在の森林公園

自分の身の上に万一のことがあったら、必ず台湾に葬るよう」との遺言を残して急逝した。55歳であった。遺骸はわざわざ郷里の福岡から台湾に移され 台北の三橋町にあった日本人共同墓地に埋葬された。しかし、大東亜戦争後、内戦に敗れた蒋介石率いる国民党軍とその家族200万人が台湾に逃れてきたため、日本人墓地には国民党軍の敗残兵や難民が住み付き、墓石は壊され明石総督の墓地も破壊されて、目を覆う惨状となっていた。このスラム街と化した日本人墓地を救ったのが、1994年に台北市長になった陳水扁である。陳市長は立退き料を払って居住者を退去させ、同地を森林公園とする事業を進めた。この処置によって、明石総督の墓は80年ぶりに掘り起こされ、その後「祖父を台湾の土地で眠らせてやりたい」との親族の気持ちを知った多くの台湾人の熱意と協力によって、1999（平成11）年台湾海峡を臨む三芝郷の「福音山キリスト教墓園」に新たに明石総督の墓が建てられた。総督が亡くなって80年後のことである。

台湾野球の礎を築いた日本人
近藤兵太郎

　　1931（昭和6）年第17回全国中等学校
優勝野球大会に出場すべく嘉義農林学校野
球部は、これまで一勝もしたことなかった
台湾全島野球大会に挑んだ。のんびりした
チームだった嘉農野球部は、近藤兵太郎の
鬼のような特訓を1年間受けると、連敗続
きの野球部員に勝利への強い意志と甲子園
出場の夢が芽生え、日本人のみの常勝チー
ムであった「台北商業」を打ち負かして優
勝した。台湾野球の歴史を塗り変えた出来事であった。台湾の代表チー
ムとして日本への遠征を成し遂げた嘉農野球部の快挙に、嘉義市民は、
歓喜した。全国大会に出場した嘉農野球部のチームは、日本人3人、台
湾人2人、原住民族4人の民族混成チームであった。近藤監督は言う。
「日本人は守備が上手で、台湾人は打撃に強く、原住民族は走ることに
長けている。こんな理想的
なチームはない」と。

　　近藤監督は1895（明治
28）年、松山市萱町で生
まれた。1903（明治36）
年に松山商業予科に入学
し、創部間もない弱小の野
球部に入った。手足短く小
柄で決して野球選手として

松山商業野球部の近藤（中央）

恵まれた身体ではなかったが、誰よりも野球が好きで研究熱心で、内野・外野手として活躍し、主将も務めた。その後、野球部監督となり1919（大正8）年に松山商を初の全国出場（夏ベスト8）へと導くが、両親、甥、姉、長女の相次ぐ死を経験した兵太郎は、心機一転を図るべく台湾へ渡り、嘉義商工学校に簿記教諭として勤務することになる。渡台しても松山商業の監督は続けていたため、夏休みが来ると毎年松山に戻り母校の監督として采配を振るった。その結果、甲子園へ6年連続出場するという松山商業野球部第一期黄金時代を築いた。しかし、1925年夏の四国予選で高松商業に大敗したため、監督を辞退し嘉義商工学校の簿記教諭に専念していた。ところが、1928年の創部以来一度も勝利なき嘉義農林野球部の選手が、兵太郎の内地での活躍を耳にした。選手に兵太郎の指導を熱望された濱田次箕野球部長は、兵太郎を連日口説いた。その結果、コーチを条件に指導することになったのである。兵太郎は40歳になっていた。

　野球は日本人のスポーツと思われていた当時の台湾で、民族など一切関係なく実力あるものが打って走り、点を取って最後まで守り抜ければ必ず勝てるという考えを兵太郎は持っていた。また選手に必要なのは、野球に対する情熱と身体能力だけであり、実力ある者がレギュラー選手になるべきであるとも考えていた。

　京都の平安中学が台湾に遠征に来た時、選手の中に平安中がスカウトした三人の原住民族がいるのを見た兵太郎は「あれを見ろ、野球こそ万民のスポーツだ。我々には大きな可能性がある」と選手に語り、希望を持た

嘉義農林学校の寄宿舎

せた。やがて台湾最強チームを作るべく校内の部活動生徒を調べ上げ、有望な選手を探し出して野球部へと勧誘した。そしてスパルタ式訓練で鍛え上げ、チームを創部３年で台湾代表として全国大会へと出場するまでの強豪へと育て上げた。当時、中堅手だった蘇正生選手は語る。

「マムシに触っても近藤監督にさわるな、とみんなが囁き合うほど怖い人であった。しかし、大変に熱心で、けがなどした者にはとことん気を配ってやさしかった。真剣、必死が好きで、いつも体中から熱気が溢れているようだった。近藤先生は、正しい野球、強い野球を教えてくれた。差別はひとつもありませんでした」

周囲からは「コンピョウさん」と呼ばれ、親しまれていた。マラリアに罹患しても担架に乗って練習場に来た時には、選手が言葉を失ったという。

蓬莱丸で甲子園に向かう嘉義農林野球部

バットには「一球入魂」と書きボールには「球（たま）は霊（たま）なり」とも書いた。近藤監督は「精神野球」と「データ野球」を大事にした監督であった。

初出場の選手にとって甲子園でプレイすることは、夢のまた夢であり、兵太郎にとっても同様であった。５万５千人の大観衆が見守っていた。ラジオによる実況放送は台湾でも嘉義でも聴くことができた。

KANO のユニホームを身につけた嘉義農林は快進撃を続けた。一回戦は３対０で神奈川代表に、二回戦では札幌商業を破り、三回戦も 10 対２で小倉商業チームをくだした。嘉義市民は流れてくるラジオ放送に熱狂した。弱小だったチームが本土の強豪を次から次へと撃破するのである。

嘉農のエース呉明捷は連戦で、手の指の爪をはがす大けがを負い、中京商野球部との決勝戦ではボールを連発した。焦り怒る兵太郎に「この試合を自分の最後の試合と思って完投させてほしい」と頼み込む。呉の固い決意に感動した兵太郎と仲間たちは一致団結して呉の願いをかなえようとする。しかし、石灰を手の傷にまぶしての呉の奮闘も、相手チームの攻勢には抗しがたかった。その時、チームメイトたちが

呉明捷投手

声をかける。「思い切り直球を投げろ。守備は俺たちに任せろ！」「俺たちは台湾の嘉義から来た仲間じゃないか！」球場の大観衆が驚いて見守る中、呉は歯をくいしばって一球一球、直球を投げ続ける。守りの選手たちは、一球また一球とキャッチするたびに、「いらっしゃいませ！」と叫び自分たちを奮い立たせた。その場に居合わせた全観衆を感動させ

ると同時に、遠い台湾でラジオ放送を聴く台湾の人々を興奮させた。近藤の胸は、頼りなかったメンバーが不屈の闘士に成長した姿を目のあたりにして、感慨でいっぱいになる。

　球児たちの一球たりとも諦めない「ひたむきさ」「絶対に負けないぞ」という精神が、球場の大観衆を魅了し「戦場の英雄・天下の嘉農」と賞賛を浴びた。

　菊池寛は「僕はすっかり嘉義ひいきになった。日本人、本島人、高砂族という変わった人種が同じ目的のため共同し努力しているということが、何となく涙ぐましい感じを起こさせる」と新聞の観戦記に書いている。

　決勝戦では、吉田正男投手を擁してこの年から史上唯一の３連覇を達成する事になる中京商に敗れ、準優勝に終わった。

　甲子園で準優勝した年に建設された嘉義球場のホームベースの位置は、近藤監督が「夕陽が選手の妨げにならないように」と太陽の沈む位置を見て決めた。結局、近藤監督は、松山商業時代に６回、嘉義農林時代は５回甲子園に出場している。

近藤監督の遺品

　嘉義農林を率いて春夏連続出場した1935年夏の甲子園における準々決勝では母校・松山商業と対戦し、延長戦の末４−５で惜敗した。松山商はその後、準決勝・決勝と勝って初の全国制覇を達成した。応援に駆け付けた兵太郎は松山商を率いていたかつての教え子、森茂雄監督と抱き合い涙を流して喜んだという。

　1945年日本敗戦と共に大陸から接収に来た中華民国の国民党は、野球を日本文化であるとして奨励しなかったため、生まれ故郷に帰った

選手達は、各地で少年に野球を教えた。
やがて、台中市の少年チームが1969
年にリトルリーグ・ワールドシリーズ
で優勝し、再び野球が評価されるよう
になる。1971年から4連続優勝し、17
回という優勝回数世界一という快挙を
成し遂げた。当然のように野球ブーム
が起こり、プロ野球で活躍する選手も
現れ日本の球団にも多くの選手が入団

新田高校野球部監督

している。　近藤監督の主な教え子には藤本定義、森茂雄（以上松山商）、
呉明捷、呉昌征、今久留主淳、今久留主功、呉新亨（以上嘉義農林）な
どがいる。その内の藤本定義、森茂雄、呉昌征は日本の野球殿堂入りを
果たしている。兵太郎が活躍した1928年からの10年間は、台湾野球
の第一期黄金時代と言っても過言ではない。

　台湾の野球関係者曰く「近藤監督ありて、嘉義農林野球部あり、嘉義
農林野球部ありて今日の台湾野球がある」と。

　台湾野球の礎を築いた近藤兵太郎は1946年に故郷松山に引き揚げた

後、新田高校野球部の監督や
愛媛大学野球部を指導してい
たが、1966年5月19日に永
眠した。76歳の生涯であった。
葬儀には教え子や各界から多
くの花輪が届き、自宅前の道
路を数十メートルにわたって
飾った。

嘉義大学（旧嘉義農林）の近藤と蘇選手の銅像

「台湾紅茶の父」と呼ばれた日本人
新井耕吉郎

　奇美実業の創業者であり2013年には旭日中綬章を受賞した台南市出身の実業家許文龍氏が、2007（平成19）年に日月潭を旅行した際、きれいに整備された茶畑を目にして茶業改良所魚池分場を訪ねた。そこで、今でも職員から尊敬されている日本人、新井耕吉郎よって今日の台湾紅茶があることを場長から知った。新井の情熱と功績の大きさに感動した許文龍氏は、新井の胸像四体を制作して顕彰すると共に資料館・博物館にも寄贈した。さらに、2009（平成21）年には群馬県の遺族にも寄贈された。これによって、これまで無名だった新井の名前は「台湾紅茶の開祖」として知られることになった。

　新井耕吉郎は1904（明治37）年2月26日新井松五郎の三男として群馬県利根郡東村園原にて誕生している。1921（大正10）年には群馬県立沼田中学校を卒業し北海道帝国大学農学部農学実科に入学した。農学実科とは農学部に附設された中学校卒業者や専門学校入学者検定合格者が試験を受けて入学できる教育機関で、卒業者は「得業士」と呼ばれた。1925（大正14）年3月北海道帝国大学を卒業、得業士

許文龍氏と筆者

になった新井は、志願兵として歩兵59連隊に入隊し、幹部候補生として1年間宇都宮で軍隊生活を送った。満期除隊後の1926（大正15）年5月、台湾に渡り台湾総督府中央研究所に就職し、平鎮茶業試験支所の助手として赴任した。新井22歳の時である。平鎮茶業試験支所は新竹州中壢郡揚梅庄草南坡字埔心19に開設されており、谷村支所長、井上技手、新井助手の他日本人2名、台湾人2名の総勢7名の小さな支所であった。

台湾総督府中央研究所は、1921（大正10）年8月に総督府農業研究所を吸収して設置されたばかりの総督府直属の研究機関である。研究分野は農業、糖業、林業、工業、その他の産業および衛生に関する研究、調査、試験、鑑定、講習および講話等多岐にわ

台湾総督府中央研究所

たっていた。中央研究所には、農業部、林業部、工業部、衛生部および庶務課の四部一課が設置されていた。中央研究所の農業部長は、北海道帝国大学教授を務めた後、台湾総督府に赴任していた大島金太郎博士である。大島博士は、新渡戸稲造農学博士が後藤新平民政長官に請われて、総督府に赴任する際に連れてきた教え子であった。

新井が赴任した頃の台湾は、領有して30年が経過しインフラ整備が進み、成熟期を迎えていた。しかし、輸出農産物と言えば砂糖や蓬莱米、それに阿里山の木材や欧米への緑茶や東南アジア向けに半成熟茶である烏龍茶が主であった。ところが、英国の東インド会社が1923年にアッサム地方で中国種とは異なる野生の茶樹を発見、1850年頃から茶の生産が軌道に乗り、やがて紅茶が作られた。紅茶が英国を中心に世界中に

浸透していくことになる。

　お茶の歴史は古く中国紀元前まで遡り、神話にも出てくるほどである。このころの茶葉は薬として認識されていて、嗜好品として飲まれ始めたのは紀元前59年頃といわれている。お茶が日本に伝わったのは805年頃で、ヨーロッパに伝わったのは1610年頃である。アッサム種の歴史は中国種に比べて200年ほどで遥かに短い。アッサム種は渋味成分となる「カテキン」を多く含み、酸化酵素の活性が強く酸化発酵がしやすいため、主に紅茶や烏龍茶に使われる品種である。中国種より茶葉が大きく、葉面には深くシワが走っているのが特徴である。また、中国種と違い最大で10m程度の高木になることもある。寒さに弱く、高温多湿の気候を好むため、現在ではインド・スリランカ・インドネシアなどを中心に栽培されている。現在、日本で栽培されている紅茶用の品種である「べにふうき」や「べにひかり」等は中国種とアッサム種を交配して作られた品種である。これまで欧米で飲まれていたお茶は、緑茶であったが、やがて烏龍茶が広がり、さらに紅茶に取って代わられた。それまで世界最大の生産を誇っていた中国種の茶葉に代わって英領インドがその座を占めるようになっていく。やがて世界的に紅茶の需要が増大していった結果、緑茶や烏龍茶の需要が激減した。このことは台湾総督府の外貨収入に多大な影響を与えたため、世界に通用する紅茶づくりを目指す必要に迫られることになった。酸化発酵がしやすく紅茶栽培に適したアッサム種の栽培地として、高温多湿の台湾が選ばれた。しかし、台湾のどの土地がアッサム種の栽培に適するのかは不明であり、その栽培場所の選定が急務であった。

　新井は1930（昭和5）年になると助手から技手に昇進したが、新しく堀内哲夫が助手として赴任したぐらいで大きな異動はなかった。平鎮茶業試験支所での勤務は4年になり30歳になっていた。勤務地では茶畑の天候や気温、それに土壌の調査を行い紅茶栽培に適した土地探しを

行っていた。その結果、中部南投県に位置する日月潭の湖畔850mの地、水社村貓囒山の斜面一帯の盆地「魚池郷」は寒暖の差が大きいことなどから紅茶栽培に適していると判断し、確信をもってこの地に紅茶試験場を建設することを提案した。その結果1936（昭和11）年になると台中州新髙郡魚池庄水社九ノ甲の地に新井の提案した「魚池紅茶試験支所」が造られた。新井はこれまでの勤務地である平鎮茶業試験支所と新設された支所を兼務することになった。新井は二つの勤務地に加え5人家族を養うため多忙な日々を送っていた。

　ところが翌1937（昭和12）年の12月、充員召集があり、陸軍運輸基隆出張所に配属になった。半年余り経った翌1938（昭和13）年6月に充員召集が解除になり、台湾総督府農事試験所技手に昇進、再び魚池紅茶試験支所と平鎮

現在の紅茶用茶畑

茶業試験支所に復帰した。再び台湾紅茶の栽培を目指した研究が始まり、各地からアッサム種の茶樹を取り寄せ台湾の原種と交配させ、台湾に最も適した品種づくりに没頭した。1941（昭和16）年3月には台湾総督府農業試験場技師に昇進すると共に魚池紅茶試験支所長に抜擢され高等官7等、従7位に叙せられた。魚池紅茶試験支所は群馬出身の新井を入れて、総勢6人の職員しかいなかった。愛知の技手天野三郎、高知の雇宮川景明のほかは李朝棟、朱勇岳、揚再生の台湾人3人であった。支所のすぐ側に住んでいた新井は、早朝から夜遅くまで働き併設していたセイロン式製茶工場において「台湾紅茶」の製品化にも成功した。新井は自分が作り上げた茶畑を眺めながら、この地を「台湾紅茶」研究のメッカにしようと中央研究所で培った経験を生かして研究に情熱を傾けてい

た。

　新井の研究熱心さと情熱には職員が舌を巻くほどであった。ところが12月には太平洋戦争が始まり、環境が急変した。まず「台湾紅茶」の輸出ができなくなり支所の資金が逼迫した上に、職員が召集され人材不足に陥った。戦況が悪くなると茶畑で食糧の増産を要請されたが、新井は従わずに茶樹を守り続けた。それには理由があった。当時、台北帝大に昭和11年から3年間在籍した山本亮教授が、中国安微省で収集した5000種の種から育てた300本の苗木を新井が栽培していたのである。

　1945（昭和20）年、日本はポツダム宣言を受け入れ降伏した。日本人は台湾から引き揚げることになり、代わりに蒋介石率いる国民党軍がやって来た。新井は支所長を台湾人の陳為禎に譲り、妻子を引き揚げ船で帰国させた。新井自身は技師として残り紅茶研究を継続する道を選択したのである。ところが翌1946（昭和21）年6月19日、マラリアに罹患していた新井は、42歳の若さで永眠した。新井が息を引き取ったとき、不思議なことが起こった。一匹の蛍が新井の上に飛んで来たかと思うと、茶畑の方に飛んでいった。職員は、新井の魂が蛍に姿を変えて、茶樹を守りにいったと思い慟哭したという。後を継いだ陳支所長は新井の真摯で生真面目で台湾紅茶の研究に一生を捧げた功績を偲び、1949（昭和24）年茶畑の一画に新井耕吉郎記念碑を建立、従業員たちは台湾紅茶の開祖および貓囒山の守護神としてこれを尊び定期的に参拝するようになる。

　新井の死から21年経った1974（昭和49）年、新井は勲五等瑞宝章の叙勲を受けている。新井が育てた台湾紅茶は「渋みを抑えたまろやかな味」で1960年代まで隆盛を極めたが、1970年代に粗悪品が出回り始め、1980年代には市場から姿を消した。ところが1999年に台湾中

部大地震が発生、震災の復興策として紅茶の生産が唱えられる中で、無名であった新井の存在が注目を浴びるようになる。さらに2001年台湾農業委員会「茶業改良場魚池分場」において栽培品種400種の中から選抜された品種を「台茶23号」と指定し、商品名を「祁韻」と命名した。この品種は、新井が戦時中に守り抜いた茶樹をもとに作り出された紅茶で、アッサム種と違い葉が小さく緑茶や烏龍茶に使われる茶葉で花や果物の香りの特徴を持っていた。新井が生涯をかけて作り上げた魚池紅茶私見支所の茶畑は、「茶業改良場魚池分場」として受け継がれ、台湾紅茶のメッカとなった。台湾の人々は、新井耕吉郎を恩ある人として尊敬し「台湾紅茶の父」として語り継いでいる。新井はまさに台湾紅茶に貢献し、台湾に大きな影響を与えた日本人であった。

新井の顕彰碑と説明板

台湾全島に電気を灯した日本人
松木幹一郎

　　台湾中部南投県に台湾最大の湖がある。北側が丸形で南側が月形をしていることから日月潭と呼ばれる。風光明媚な標高748mの湖は、年間600万人が訪れる一大観光地としても有名である。また湖を一周する39kmのサイクリングロードは、世界中のサイクリストから憧れの地といわれている。しかし、この湖が83年前から発電用ダム湖として利用され続け台湾最大の水力発電に寄与していることを知る者は少ない。1932（昭和7）年に完成した日月潭第一発電所（現大観発電所）は、10万kwの発電量を誇る東洋一の水力発電所として台湾全島に電力を供給し続けた。その結果、当時の台湾で「人間が居れば、そこには必ず電気がある」とまで言われるようになる。この巨大事業に取り組んだ日本人が「台湾電力の父」と今もって台湾人から尊称されている松木幹一郎である。

　　松木幹一郎は1872（明治5）年愛媛県周桑郡楠河村大字河原津 (現西条市河原津) にて庄屋の長男として生まれた。松山中学校を経て京都の第三高級中学校を7月に卒業すると9月には東京帝国大学法科大学法学科に入学した。3年後の7月に卒業すると直ちに逓信省に就職している。25歳のときである。広島郵便局長・文書課長・横浜便局長などを歴任し、1908（明治41）年に鉄道院秘書課長となったとき、松木の将来に大きな影響を与える人物に出会う。逓信大臣兼鉄道院総裁の後藤新平がその人である。後藤は有能な人材を生かして登用することに優れて

いた。台湾総督府の民政長官時代には、アメリカから38歳の新渡戸稲造を三顧の礼で迎え、殖産局長心得に抜擢、臨時台湾糖務局長に据えて台湾糖業発展の基礎を築くことに成功している。その後藤が松木の有能さを認め重用した結果、後藤の片腕として活躍する。松木も後藤の人材活用術を学び、同郷で12歳年下の十河信二を後藤に紹介している。十河はその期待に応えて、後に新幹線事業の偉業を成し遂げ「新幹線の父」と称される。

1911（明治44）年、後藤の推薦により東京市初代電気局長に就任した松木は、4年後には愛媛県県吉田町（現宇和島市吉田町）出身の山下亀三郎に請われ、山下汽船の理事、副社長を務める。さらに、松木は道路法が制定された1919年には（社）道路改良会（日本道路協会の前身）を設立し、理事に就任して道路の普及に努めた。

1923（大正12）年9月1日に関東大震災が発生、東京は壊滅的な被害を受けた。4月まで東京市長だった後藤は、自らを総裁とする帝都復興院を設置し松木を副総裁兼物資供給局長に、十河を経理局長に任命し、市長時代に作成していた「都市計画」を採用する。この案には復興院内部でも異論があったが、松木や十河らが主張する全面的な土地区画整理事業が採用される。ところが政党間の争いに遭い、1924年2月に復興院が廃止されて、復興局に縮小されると、後藤とともに松木も辞任した。しかし後藤・松木が採用した復興計画は今日に続く東京の都市づくりの基本となっている。

1930年3月には帝都復興完成記念式典が開催されるが、後藤はそれらを見ること

震災後に視察する後藤と松木

なく 1929 年 4 月に亡くなった。後藤は死ぬ前に「いいかよく聴け、銭を残して死ぬ奴は下、仕事残して死ぬ奴は中、人を残す奴が上だ。分かったか」と言ったという。台湾、満州、東京の都市計画を行った 73 年の生涯であった。

　後藤が東京市長当時、台湾では近代化に必要な発電用ダムの建設と米の増産を目的とする灌漑用ダムの建設が急務であった。そこで台湾総督府は二つの巨大プロジェクトを計画した。日月譚水力発電所建設計画であり、もう一つが 15 万ヘクタールの不毛の大地を灌漑する嘉南大圳新設工事計画である。

　日月譚水力発電用ダム工事は明石元二郎総督の決断により 1919（大正 8）年に開始された。3000 万円で台湾電力株式会社を創設、十川嘉太郎が設計し、堀見末子技師が技師長として指導・監督を行った。巨額予算もさることながら、その工事計画も驚く規模であった。

　台湾最長の河川である濁水渓の海抜 1300m の武界に高さ 48.5m のコンクリート製重力式の武界ダムを設置し、そこから日月潭まで延長 15.1km の距離を 8 本のトンネル、3 ヶ所の開渠、4 ヶ所の暗渠で、毎秒約 40 トンの水を送る計画である。日月譚という名称は、湖の北側が太陽（日）の形、南側が月の形をしていることに由来している。中央の島にはサオ族の守り神（祖霊）が祭られていた。この計画によって日月譚の水位が上昇するため、2 ヶ所に土堰堤を築き、湖の水位を約 18m 上昇させることにした。このため二つの湖は完全に繋がり一つの人造湖ができることになった。この工事により、海

工事現場を視察中の松木

192

抜 748m、水深 27m、周囲長 37km、貯水量 1 億 4000 万トンの台湾最大の淡水湖が誕生する。日月潭の水は、約 3000m の水圧トンネルと約 640m におよぶ 5 本の水圧鉄管により約 330m 下の発電所に送るという大規模な工事計画である。工事に着工したものの第一次世界大戦後の不景気に見舞われ、さらに関東大震災が追い打ちをかけたため、資金不足により 1926（大正 15）年に中止が決まった。しかし既に 3800 万円を投資していた日本政府と台湾総督府は、機会があれば日月潭での水力発電事業を再開したいと考えていた。そこで当時の石塚英蔵台湾総督は、三顧の礼で松木幹一郎を呼び 1929（昭和 4）年 12 月、台湾電力株式会社社長に迎えた。

翌年 1 月、松木は台湾着任後すぐに峻険な現地視察を行うと共に最も権威ある専門家を集め、工事計画の見直しを行った。その結果、残りの工事に必要な金額は 4800 万円と算定された。この年の日本の実行予算は 16 億 1000 万円で、必要工事費はその約 3 ％に相当する巨大工事のため、日本国内ではこの資金を集めることができないことが分かり、外国から借金して集めることにした。

当時は、世界恐慌などの経済情勢以外に、国際政治情勢も混沌としていた時代であったが、1931（昭和 6）年 6 月に米国モルガン商会に債券を売却し、必要な工事費を確保することができ、10 月には工事に着手した。

武界ダムの工事は鹿島建設（株）が請け負ったが困難を極めた。湿気の多い熱帯雨林の環境下で、マラリア、アミーバ赤痢、ツツガムシなどの被害が想像以上で、担架で山を降りる患者が

大成建設による水力発電所の工事

現役で電気を送り続ける日月潭水力発電所

列をなし、病院は患者であふれかえった。そこで、工事を中断してマラリアを媒介する蚊を根絶するために宿舎周辺の雑草を除去、さらに山々を焼き、窓には二重網戸を施した。さらに売店や娯楽設備を完備した。食堂には日本・朝鮮・台湾料理の店を設置、直営病院を増やすなど環境整備を徹底した。その結果、その後の工事は順調に進み、1934（昭和9）年6月に完成、同年9月に発電を開始した。1919（大正8）年に着工し中断した期間を入れると15年も経過していた。「日月潭第一発電所」と命名された発電所は最大出力10万kWであり、当時、東洋一の規模を誇った。さらに1937年には「日月潭第二発電所」を完成させた。この発電所の完成によって、台湾全島に電気が送られ、台湾の近代化に拍車がかかることになる。しかし、松木は完成から2年後の1939（昭和14）年6月14日に急逝した。67歳であった。

　日本の敗戦後、日月潭第一発電所は大観発電所と名前を変え、戦後の台湾の経済復興に貢献、建設当時と変わらずに現在も運転を続けている。現在でも日月潭の水を利用した発電量は、台湾の水力発電全体の56％を占めている。松木社長急逝の翌年、日月潭湖畔の取水口に松木の銅像が建立された。しかし、1944年に金属類供出令で撤去され台座のみになっていた。

　2010年3月に、台湾電力を引き継いだ台湾の人達によって、再び銅像が造られ、残された台座上に設置された。ところが、戦前に造られた銅像が見つかった。横浜の遺族が出身地の西条市に寄贈したことからわかったのである。実は戦前、銅像は二つ造られ一つは日月単に設置され、もう一つは遺族に贈られていたのであった。

戦前に造られた銅像

戦後に造られた銅像

台湾の近代化に貢献した日本人（渡台順に記載）

ＮＯ	人名	タイトル	出身地
1	伊沢　修二	台湾教育制度の礎を創った日本人	長野
2	西郷菊次郎	宜蘭の街を救った日本人	鹿児島
3	賀田金三郎	民間移民を最初に実行した日本人	山口
4	江口良三郎	花蓮に野球と港を残した日本人	佐賀
5	堀内　次雄	台湾医学界の礎を創った日本人	兵庫
6	小川　尚義	日本初の台湾語辞典を作った日本人	愛媛
7	濱野弥四郎	台湾の風土病を駆逐した日本人	千葉
8	鳥居　龍蔵	台湾原住民族研究の礎を創った日本人	徳島
9	後藤　新平	台湾近代化の青写真を創った日本人	岩手
10	浅野総一郎	高雄港の開発に尽力した日本人	富山
11	川上浩二郎	台湾に国際貿易港を造った日本人	新潟
12	長谷川謹介	台湾縦貫鉄道を造った日本人	山口
13	新渡戸稲造	台湾を砂糖王国にした日本人	岩手
14	河合鈰太郎	阿里山森林鉄道を造った日本人	愛知
15	松本　虎太	台湾に国際貿易港を造った日本人	香川
16	八田　與一	不毛の大地を緑野に変えた日本人	石川
17	末永　仁	台湾を「蓬莱米の島」にした日本人	福岡
18	農 業 移 民	台湾東部の発展に貢献した農業移民	徳島
19	磯　永吉	台湾農業を変えた日本人	広島
20	鳥居　信平	屏東の大地を潤した日本人	静岡
21	漁 業 移 民	宜蘭県蘇澳港の発展に貢献した漁業移民	愛媛
22	明石元二郎	台湾の近代化と民主化を推進した日本人	福岡
23	近藤兵太郎	台湾野球の礎を築いた日本人	愛媛
24	新井耕吉郎	「台湾紅茶の父」と呼ばれた日本人	群馬
25	松木幹一郎	台湾全島に電気を灯した日本人	愛媛

生年月日	渡台年	渡台年齢	離台年	在台期間	死亡年	享年
1851	1895	44	1898	3	1917	66
1861	1895	34	1902	7	1928	67
1857	1895	38	1910	15	1922	65
1869	1895	26	1925	30	1926	57
1873	1896	23	1946	50	1955	82
1869	1896	27	1936	40	1947	78
1869	1896	27	1919	23	1932	63
1870	1896	26	1900	4	1953	83
1857	1898	41	1906	8	1929	72
1848	1898	50	1900	2	1930	82
1873	1899	26	1916	17	1933	60
1855	1899	44	1908	9	1921	66
1862	1901	39	1903	2	1933	71
1865	1902	37	1926	24	1931	66
1879	1906	27	1947	41	1959	80
1886	1910	24	1942	32	1942	56
1886	1910	24	1939	29	1939	53
	1910		1946	36		
1886	1912	26	1957	45	1972	86
1883	1914	31	1931	17	1946	63
	1916		1946	30		
1864	1918	54	1920	2	1919	55
1888	1919	31	1946	27	1966	78
1904	1926	22	1946	20	1946	42
1871	1929	58	1939	10	1939	68

参考文献

1	『台湾考古誌』	金関丈夫・国分直一	法政大学出版局
2	『日本植民地史台湾』		毎日新聞社
3	『台湾三百年（漢文）』		戸外生活雑誌
4	『台湾統治秘史』	喜安幸夫	原　書房
5	『台湾の農業（下）』	斉藤一夫編	アジア経清研究所
6	『高雄市志』		高雄市文献委員会
7	『台湾紹介最新写真集』		勝山写真館
8	『南部台湾史』	村上玉吉編	台南州共栄会
9	『嘉南大圳新設事業概要』		嘉南大圳組合
10	『湾鉄道旅行案内』		ジャパンツーリストビューロー台北支部
11	『台湾治績誌』	井出季和太	台湾日日新報社
12	『台湾事情』		台湾総督府
13	『台湾総督府職員録』		台湾総督府
14	『稲耕種法講演』	磯永吉	台湾農会
15	『札幌農学校』	蝦名賢造	図書出版社
16	『明石元二郎』	豊田穣	光人社
17	『見末子土木技師』	堀見愛子	
18	『日本土木史』	高橋裕	彰国社
19	『都市の医師』	稲場紀久雄	水道産業新聞社
20	『台湾史小辞典』	呉蜜察	中国書店
21	『磯永吉追想録』	川口四郎・愛子・磯百合子	
22	『蓬莱米談話』	磯永吉	雨読会
23	『水の奇跡を呼んだ男』	平野久美子	産経新聞社刊
24	『台湾と日本人』	松井嘉和監修	

25 『長早の突き棒船について』　浜田一美

26 『三瓶町誌』　　　　　　　三瓶町編纂

27 台湾日日新報データーベース

28 『台湾疎開』　　　　　やいま文庫　　　　　　松田良孝

29 『海流世界の環境と文化』　東アジア海域叢書　　　吉尾　寛編

30 『吉野村回顧録』　　　　清水半平

31 『懐舊の図像』　　　　　　　　宜蘭県討海文化保育協会

32 『日文版　中華民国総覧（1982 版）』　　　　台湾研究所

33 『小川尚義　浅井恵倫台湾資料研究』

　　　　　　東京外国語大学アジア・アフリカ言語文化研究所

写真提供

　掲載の写真は、筆者が現地取材で撮影した写真の他、末永昇　川口四郎　磯百合子　西条市教育委員会　林張恭　林司郎　岩崎徹　国立国会図書館　浜田一美　蘇澳会　平野久美子　地引博江　清水一也　川上昌明　愛媛人物博物館に提供いただいた。なお、台湾に関する古写真はすでに 90 年前後を経過しているため、著作権及び肖像権がフリーになっていると考えられるが、万一掲載写真について今日でも権利を有している方がおられたら、筆者に連絡いただければ幸いです。

あとがき

　本書は日本財団のNIPON．COMへ「台湾を変えた日本人シリーズ」として2017年から5年間掲載をした原稿を、再度書き直したものである。文字数に制限があったため、行動記録を詳細に書くことはできずダイジェスト版としてまとめることになった。

　書き直した原稿を読み直して、なんと多くの若き日本人が台湾の近代化に挑戦していたのかという驚きがあった。この当時の若き挑戦者達の生き様や熱意を風化させることなく多くの日本人、特に若者に知って欲しいという思いで出版することにした。

　本書が台湾の理解に少しでも役に立ち、日本と台湾の絆が深まることになれば、幸いである。最後に本書の出版に対して協力いただいた創風社出版の大早社長、及び取材や写真提供に協力していただいた方々に心から感謝しお礼申しあげます。

著者プロフィール

古川　勝三（ふるかわ　かつみ）

1944 年　愛媛県宇和島市生まれ
1967 年　愛媛大学教育学部中等教育課程卒業
1980 年　文部省海外派遣教師として、台湾高雄日本人学校で勤務
1983 年　「台湾の歩んだ道　－歴史と原住民族－」台湾にて出版
1983 年　「台湾を愛した日本人」台湾にて出版
1989 年　「台湾を愛した日本人」八田與一の生涯　青葉図書より出版
1990 年　愛媛県総合教育センター情報教育研究室勤務
　　　　　「台湾を愛した日本人」で土木学会著作賞受賞
　　　　　（財）台湾協会より日台親善功労者として感謝状授与
1996 年　愛媛県総合教育センター科学教育部技術家庭研究室長
1998 年　公立中学校校長
2001 年　「嘉南大圳之父」八田與一傳　中国語版台湾で出版
　　　　　現職を定年退職
　　　　　松山コンピュータ専門学校並びに松山デザイン専門学校校長
2009 年　「台湾を愛した日本人」土木技師八田與一の生涯改訂版を創風社より出版
2013 年　台湾政府観光局より「台湾観光貢献賞」受賞
　　　　　「日本人に知ってほしい『台湾の歴史』」を創風社より出版
2015 年　「台湾を愛した日本人Ⅱ」　近藤兵太郎の生涯をアトラス出版より出版
2018 年　愛媛台湾交流会を設立
2022 年　「台湾を愛した日本人Ⅲ」台湾農業を変えた磯永吉＆末永仁物語を創風社より出版
現　在　「愛媛台湾親善交流会」会長
　　　　　「宮本武之輔を偲び顕彰する会」副会長
　　　　　「八田技師夫妻を慕い台湾と友好の会」顧問
　　　　　「台湾世界遺産登録応援会」顧問

連絡先
　　〒 791-3162　愛媛県伊予郡松前町出作 44-1
　　E-mail　joconde65@nifty.com

台湾の近代化に貢献した日本人

2023 年 3 月 31 日
定価＊本体価格 1500 円＋税

著　者　　古川　勝三
発行者　　大早　友章
発　行　　創風社出版

〒 791-8068 愛媛県松山市みどりヶ丘 9-8
TEL.089-953-3153　FAX.089-953-3103
振替 01630-7-14660　http://www.soufusha.jp/

印刷　㈱松栄印刷所

台湾を愛した日本人

土木技師 八田與一（はったよいち）の生涯 改訂版

古川 勝三 著

定価・本体価格二二〇〇円＋税

不毛の大地に東洋一のダムと水路を造り台湾最大の穀倉地帯に変えた土木技師・八田與一の感動の生涯

一人の日本人技師の銅像が、半世紀以上もの永きにわたり今なお、台湾の人々によって守られている。そこには、若き技師の偉大な業績と台湾の人々の心温まるドラマが秘められていた。

台湾を愛した日本人 Ⅲ

台湾農業を変えた磯永吉＆末永仁物語

古川 勝三 著

定価・本体価格一八〇〇円＋税

「台湾中の農民なら誰もが知っている日本人がいますよ」彼らはこう呼ばれたという。『蓬莱米の父』磯永吉、『蓬莱米の母』末永仁。台湾の農民たちを救った日本型の新種・蓬莱米は、台中農事試験場を舞台にこの二人の技師によって作り出された。台湾農業の近代化に尽くした二人の足取りを追う。

☆☆☆ 創風社出版 ☆☆☆